Na amizade de Jesus
a partir da Amazônia

Pe. Ronaldo L. Colavecchio, SJ

Na amizade de Jesus
a partir da Amazônia

Uma Espiritualidade Sinótica

Dados Internacionais de Catalogação na Publicação (CIP)
(Câmara Brasileira do Livro, SP, Brasil)

Colavecchio, Ronaldo L.
  Na amizade de Jesus a partir da Amazônia : uma espiritualidade sinótica / Ronaldo L. Colavecchio. -- São Paulo : Edições Loyola, 2022. -- (Cristologia)

  ISBN 978-65-5504-166-8

  1. Cristianismo 2. Cristologia 3. Espiritualidade 4. Jesus Cristo - Ensinamentos 5. Jesus Cristo - Parábolas 6. Revelação - Cristianismo 7. Teologia pastoral I. Título II. Série.

22-105784 CDD-263.915

Índices para catálogo sistemático:
1. Jesus Cristo : Revelação : Cristianismo   263.915
Maria Alice Ferreira - Bibliotecária - CRB-8/7964

Capa e diagramação: Viviane Bueno Jeronimo
foto © Sylwia Brataniec | Adobe Stock

Edições Loyola Jesuítas
Rua 1822 nº 341 – Ipiranga
04216-000 São Paulo, SP
T 55 11 3385 8500/8501, 2063 4275
editorial@loyola.com.br
vendas@loyola.com.br
www.loyola.com.br

Todos os direitos reservados. Nenhuma parte desta obra pode ser reproduzida ou transmitida por qualquer forma e/ou quaisquer meios (eletrônico ou mecânico, incluindo fotocópia e gravação) ou arquivada em qualquer sistema ou banco de dados sem permissão escrita da Editora.

ISBN 978-65-5504-166-8

© EDIÇÕES LOYOLA, São Paulo, Brasil, 2022

Sumário

Prólogo 7
Introdução: um Filho Amado, enviado em missão 9
Refletindo sobre o Reino de Deus num
    contexto conflituoso 15
Diante dessas ameaças, o ser humano reage 19
A Mãe de Jesus: sua primeira formadora 23
As primeiras experiências pastorais de Jesus 27
As pessoas que procuravam Jesus: as multidões 31
"Uma força saía de Jesus e curava a todos" 35
O Reino de Deus antecede a Igreja 39
Jesus respeitava a liberdade da pessoa humana 45
Os discípulos: homens em formação para continuar
    o trabalho de Jesus 49

Mais um grupo que buscava Jesus: seus inimigos 53
"A necessidade" de Jesus morrer 57
A bondade de Jesus para com o povo 63
"Quem é este homem?": a condição misteriosa
   da pessoa de Jesus 67
Jesus chama Doze para serem seus representantes
   no novo povo de Deus 73
Jesus se coloca a caminho de Jerusalém e da
   realização de sua Páscoa 77
O grupo de fé em Jesus como sinal do Reino de Deus 83
Cada Evangelho conduz a um maior conhecimento do
   Filho que está diante do seu Pai 89
A urgência de Jesus em formar seus discípulos 93
Até o final da sua vida, os discípulos tinham uma
   visão confusa sobre Jesus 99
Jesus entra na cidade de Davi e assume toda a
   autoridade sobre o Templo e o ensinamento 105
Jesus celebra a Ceia Pascal com seus Doze Apóstolos
   e continua a celebrá-la conosco 109
A instituição da Eucaristia em Marcos 14,22-25 113
Jesus, ícone da misericórdia do Pai,
   cura a nossa cegueira 117
As limitações humanas em relação à amizade são
   vencidas na Ressurreição do Senhor 121
Epílogo: vivendo na amizade de Jesus num mundo
   que anseia por sua paz 125
Alguns elementos bibliográficos 129

Prólogo

"A autêntica opção pelos mais pobres e abandonados, ao mesmo tempo que nos impele a libertá-los da miséria material e defender os seus direitos, implica propor-lhes a amizade com o Senhor que os promove e dignifica."

(Papa Francisco, *Querida Amazônia*, 2020, n. 63)

Introdução: um Filho Amado, enviado em missão

Com trinta anos de idade, caminhando através do deserto ao encontro de João Batista, Jesus de Nazaré é um homem consciente de estar investido em uma Missão em prol dos demais habitantes desta Terra. É uma Missão que trata de Deus!

A partir do momento em que foi tomando consciência da sua pessoa no meio dos outros seres humanos, Jesus percebe que sua experiência de Deus era diferente daquela dos outros homens e mulheres, fossem estes os "gentios", que viviam nas suas próprias cidades na Galileia, ou os judeus com os quais Jesus partilhava a leitura de Moisés e dos Profetas a cada Sábado, na sinagoga de Nazaré. Assim, enquanto os gentios cuidavam de realizar cultos a uma variedade de divindades que protegiam seus interesses, os judeus prestavam homenagem somente a *Yahweh*, o Deus Único, que se revelou à nação como um Deus "Misericordioso e Fiel". E, apesar de ter experimentado a bondade deste Deus inúmeras vezes no decorrer da sua história, Israel ainda respeitava a distância em relação ao seu Criador, denominando o "Ser Supremo", "Senhor dos Exércitos", "Todo Poderoso", "Santo", "Justo Juiz" e o misterioso *Yahweh*, que significa, muito provavelmente, "Eu Sou".

A experiência de Jesus era diferente, tanto dos gentios como dos judeus. Desde que chegou ao entendimento de si mesmo, Jesus passou a surpreender muitas pessoas piedosas por seu hábito de chamar Deus de "*Abbá*", "Querido Pai," fato que era considerado desrespeitoso pelas autoridades religiosas da época. Na verdade, os doutores da Lei tinham tanta reverência pelo nome de Deus que ensinavam ao povo evitar o quanto pudessem o uso do nome Divino, "Javé", por respeito a Ele. É por esse motivo, por exemplo, que Mateus em seu Evangelho, de cunho mais judaico, não falará do Reino de Deus, mas sim, "do Reino do Céu".

Os Evangelhos deixam transparecer que Jesus de Nazaré tinha uma experiência de Deus que fazia seu coração transbordar de carinho por ele a cada momento. Essa mesma experiência servia também de base ao conhecimento que ele ia tendo de si mesmo. Então, como "Filho Amado" de um Pai Misericordioso, Jesus se sente enviado a um mundo que "tem sede do Deus vivo" (Sl 62,2), mas que, paradoxalmente, fica servindo divindades de sua própria criação.

Agora, prosseguindo rumo ao Rio Jordão onde João Batista está preparando o povo para "Aquele que há de vir"

Introdução: um Filho Amado, enviado em missão

(Mt 11,3), podemos imaginar Jesus refletindo sobre a longa história de Israel com *Yahweh*, com seus momentos de fidelidade admirável, mas, também, com aqueles tempos de infidelidade muito feia e ingrata. Na verdade, Israel nunca conseguiu corresponder plenamente à vontade do seu Deus. Este, por sua vez, pedia ao seu povo eleito uma vida em sociedade fraterna e justa, como seus filhos e filhas, ajudando-se mutuamente a cumprir não somente a letra, mas o espírito da Torá. Em vez disso, os israelitas deixaram as caraterísticas injustas e excludentes das demais sociedades invadirem sua convivência. Desse modo apenas uma pequena porção da população acabou se beneficiando como, por exemplo, as lideranças religiosas concentradas em Jerusalém, subservientes aos Romanos no controle do povo, ou os latifundiários gananciosos e os grandes comerciantes internacionais aliados aos donos de frotas marítimas.

A obediência de Jesus ao seu Pai terá de passar por essas realidades pessoais e sociais da vida humana e da nação. Ele sabe que o projeto do Pai é o de realizar a conversão libertadora de cada israelita e a transformação do povo de Deus, para que tanto as pessoas como a sociedade reflitam a comunhão que há entre o Filho Amado e seu querido Pai. E que, nisso, Israel venha a cumprir sua vocação de ser "Luz do Mundo" (Is 58,1-9).

Como agente do Reino de Deus, Jesus vai se mostrar "mais forte" do que todo esse Mal. Assim, Marcos nos informa que, logo após ser batizado por João, o Espírito Santo "impeliu" Jesus ao deserto para ser tentado pelo diabo, que seria a força maligna por detrás de tudo o que divide e destrói a obra de

Deus. Por sua vez, Mateus e Lucas (Mt 4,1-11; Lc 4,1-13) descrevem de forma concreta as tentações que o diabo lhe propôs. No fundo, se trata de valores contrários ao Reino, em forma de cobiça materialista, de mentiras que seduzem as pessoas, e do uso do poder para dominar e tiranizar o povo. Pensando e agindo de acordo com essas atitudes, Jesus poderia ter sido um Messias aceitável ao pensamento deste mundo, mas inofensivo ao reino do Mal que ele veio para destruir. Por outro lado, Jesus compreende que sua fidelidade ao seu Pai poderá fazer toda a força do mal voltar-se contra ele, de maneira que ele se torne vulnerável ao ser desfigurado pelo dor: "sou um verme e não mais um homem" (Is 53,10-11).

Nós, leitores cristãos, sabemos que as tentações de ser um Messias que usa seu poder em benefício de si mesmo estarão sempre presentes diante de Jesus, até mesmo na hora final, quando seus inimigos o desafiarão a descer da Cruz, para que eles possam acreditar nele (Mt 27,39-42). Assim, sendo fiel ao Pai, ele se mostrará mais forte do que o Mal, em qualquer forma que este opere para prejudicar e dividir as pessoas, especialmente pelo mau uso do poder e da autoridade.

Durante todo o Evangelho haverá duas vertentes sempre presentes no coração de Jesus: A *primeira* é sua experiência única de ser o Filho Amado, chamando-nos a partilhar da vida eterna que ele vive desde sempre junto ao seu querido Pai. A *segunda* é a inauguração em Israel de uma convivência dos seguidores de Jesus com seu Mestre: nela, eles vão aprendendo de Jesus a viver na compaixão e na justiça para com todos.

Até os dias de hoje, são estas as duas colunas do projeto que Jesus denominava de "Reino de Deus". Será por causa de os homens não entenderem esse projeto e não o aceitarem como orientação principal de suas vidas que haverá um clima de rejeição percorrendo a trajetória de Jesus, conduzindo-o implacavelmente à morte na Cruz.

Para refletir:

1. Fique em silêncio diante de Jesus como é visto em Marcos 1,9-15. Este é o Jesus dos Evangelhos! Quais os principais traços dele que Marcos salienta neste trecho?
2. Após proclamar que Jesus é o "Filho Amado", a voz do Pai afirma: "Em ti me comprazo". Essa é linguagem tirada do Servo Sofredor de Isaías 42,1 (cf. a continuação dessa profecia sobre o servo em Isaías 52-53). Então, desde o início o leitor sabe que Jesus é o Filho Amado que vai se tornar o servo obediente de Deus por meio do seu sofrimento! E que, nisto, realizará o plano do Pai que o enviou. Esse é o Jesus que entrará no meio de nós, chamando-nos à conversão e à fé.
3. Quais sentimentos podemos encontrar no coração de Jesus?
4. Nas minhas orações estou rezando ao Deus de Jesus? Ou estou rezando à minha ideia de Deus? Qual a diferença entre uma e outra?

Refletindo sobre o Reino de Deus num contexto conflituoso

Para Jesus, o Reino de Deus não era algo nebuloso reservado para um futuro longínquo, sem relevância para os nossos dias. Ao contrário, o Reino estava presente na própria pessoa dele, com toda a força com a qual Deus criou o mundo e o cosmos. Sua pessoa, suas palavras, seus atos são todos sinais desse projeto de Deus se tornando uma realidade histórica em Israel e, por meio de Israel, em todo lugar onde ele e seus seguidores forem recebidos por pessoas de boa vontade que enxergarem seus sinais e optarem por participar desse movimento (Lc 1,14; 10,8-9; 11,20).

Então, lendo os Evangelhos, refletindo e rezando sobre eles, estamos de olhos fixos nesse homem, de família humilde, sem qualquer título civil ou eclesiástico, procedente de uma região desprezada em Israel; mas na iminência de inaugurar um movimento que virá a envolver ricos e pobres, nações e governantes, Sumo Sacerdotes e Imperadores. Sabemos que a pessoa de Jesus nos convidará a uma conversão singular na história do mundo, que irá implicar na nossa libertação de dinamismos egoístas e injustos que possam ainda se encontrar no coração de cada um de nós, como, também, no tecido da nossa vida em sociedade. Mais ainda: a história de Jesus no Evangelho vai nos conduzir a uma confissão de fé na qual iremos proclamar que ele morreu e foi ressuscitado dos mortos, e que nós que o temos por "Senhor e Cristo" iremos segui-lo nessa passagem de morte para a vida.

O mal que Jesus venceu na sua Ressurreição é justamente a força maligna que procura destruir a obra mais bonita da criação, que somos nós, feitos à imagem de Deus. Com sua Ressurreição, Jesus matou a própria morte. Voltou aos seus amigos com a vida eterna do Reino que ele pregava, e os constituiu seus irmãos e irmãs a serviço do Deus da vida (Mc 12,27).

Porém, assim como foi para os primeiros amigos de Jesus, também para nós essa vida de filhos e filhas de Deus ocorre enquanto ainda estamos dentro da batalha que se trava continuamente contra o mal que há no mundo, o mesmo que nos faz experimentar a fragilidade da nossa adesão a Jesus. De fato, é esse contexto conflituoso que vemos no Evangelho, na história de Jesus de Nazaré. Isso é mais do que evidente nesta hora que vivemos. Quem de nós não sente a atração das tentações que o maligno arma a cada hora?

Estamos escrevendo estas reflexões num momento da história que é tão conflituoso para a humanidade que poderá até mesmo terminar na aniquilação de nossa própria espécie. Entre tantas questões, três fenômenos se destacam: o mais recente é o vírus da Covid-19, seguido por mutações piores, que já mataram centenas de milhares de seres humanos em toda parte do mundo e que ainda se alastra fora de controle.

A segunda frente de combate é a maneira com que a ideologia do consumismo está destruindo biomas e ecossistemas necessários para o equilíbrio ecológico do nosso planeta, que é a nossa casa comum. A cada oportunidade, cientistas respeitados vão nos avisando que recursos naturais necessários para nossa vida humana são incapazes de se renovar do assalto praticado contra eles simplesmente para alimentar a onda da demanda consumista.

Além destas duas ameaças surgindo da natureza ameaçada e da ganância humana, herdamos das gerações pósguerra uma geopolítica que podemos chamar de "retaliação imediata", isto é, que milhares de armas nucleares estão preparadas e prontas a serem disparadas contra qualquer nação que eventualmente tenha acabado de acionar seus mísseis, ou que se julga estar na imanência de fazê-lo. Em teoria, a própria força que essas armas têm de acabar com toda espécie de vida, tanto de um lado como do outro, constitui uma garantia contra o uso delas. Os países do "clube nuclear" reivindicam autoridade sobre essas armas enquanto excluem outras nações da posse delas, criando com isso um recurso ao terrorismo e guerras contínuas. É uma paz como era a *pax romana* no tempo de Jesus, isto é, nos moldes ditados pelo poder e não pela Justiça e a Libertação de todo ser humano.

Para refletir:

1. Como é o Jesus que o povo amazonense conhece?
2. Quais formas de resistência organizada existem entre os povos amazonenses em defesa da sua vida?
3. Como é que os cristãos do nosso lugar e do nosso tempo enxergam estes movimentos?

Diante dessas ameaças, o ser humano reage

No primeiro caso, o perigo do vírus da Covid-19 incentivou a força de uma atuação científica global em prol de vacinas eficazes, com um resultado que entrará para a história como um ponto alto daquilo que a inteligência humana pode alcançar quando os cientistas se unem em favor da vida. A ciência merece ser parabenizada por esse sucesso! E, por sua vez, os prejuízos aos sistemas ambientais da Amazônia têm suscitado a consciência da inviabilidade de todo um padrão de vida consumista baseada na rapinagem de recursos naturais e na destruição das áreas habitáveis, na escala planetária.

Em relação ao perigo de armas nucleares matarem populações inteiras, infelizmente esse cresce na medida em que há avanços técnicos em novas nações com o consequente endurecimento de posições excludentes e imperialistas das nações detentoras de arsenal nuclear. A Paz que temos está construída sobre uma areia de interesses nacionais incapazes de alcançar uma ordem mundial cuja prioridade deveria ser a mesma que Deus pensou, isto é, a do pleno bem-estar de todo ser humano independentemente de sua nacionalidade.

Não é que pessoas detentoras de juízo e compaixão estejam totalmente passivas a estas situações. Cientistas, estadistas, especialistas em comunicação e representantes de governos, Igrejas e universidades frequentemente se juntam num grito em favor do planeta. Populações inteiras são vacinadas o mais rápido possível contra a Covid-19. Avanços no campo nuclear servem à saúde e à geração de energia. Grupos de nações buscam uma paz mais autêntica que nos permita respeitar-nos mutuamente. Tudo isso testemunha a bondade e a seriedade com que as pessoas no mundo inteiro se movimentam em defesa da vida de populações locais. Entendemos que todas as profissões, os trabalhadores que vivem na honestidade, procurando servir ao reconhecimento da dignidade um do outro, estão ajudando a humanidade a avançar "do humano ao mais humano". Tudo isso é um exemplo não somente da atuação da inteligência humana, mas também da nossa liberdade, pois exige da parte de todos nós muita boa vontade para a criação de ambientes favoráveis ao estudo, à família, à responsabilidade social. Em tudo isso podemos reconhecer sinais de que as pessoas que promovem estes mesmos valores, sejam de qual credo ou etnia forem, e seja qual for a vocação que exerçam, são consoladas com a paz inexplicável do Reino de Deus.

Porém, é necessário notar também que, em milhões dos nossos irmãos e irmãs, os esquemas atuais mantidos por uma parcela da humanidade produzem sinais de desgaste e de morte! É a fome cotidiana, a doença crônica, a miséria que brutaliza as pessoas e as reduz à busca de um nível de existência sub-humana. E o pior é que há possibilidades de mudar esse quadro, agindo com coragem para criar novos sistemas da distribuição de renda, com menos disparidade e mais fraternidade.

É nessa esperança que estaremos refletindo sobre o Brasil, em particular sobre sua região amazônica, principalmente neste momento histórico, em que ela vai sendo descaracterizada de sua identidade cultural e vai igualmente sendo esterilizada em sua capacidade de gerar e nutrir vida. Estamos convencidos que nossa fé em Jesus nos chama a colocar a realidade amazônica sob a luz da Justiça do Reino de Deus, e que devemos nos juntar a nossos irmãos rumo a um caminhar para a paz verdadeira.

Não temos pretensão de produzir um texto sobre a ecologia, ou sobre a ética ou, ainda, a política. O nosso enfoque está sempre no Homem Jesus de Nazaré e seu convite para nos tornarmos seus irmãos e irmãs, no projeto de construir juntos o Reino do seu Pai. Mas este convite de Jesus sempre chega a nós dentro de um determinado momento histórico com suas ideologias e seus conflitos, que por vezes são fortemente sentidos por todos nós.

Atualmente podemos afirmar que, como cristãos, estamos no meio de uma humanidade que se sente desnorteada por mudanças épicas, que estão questionando os pontos de referência que tivéramos como grandes seguranças para nossa vida particular e nossa sociedade. Diante desse quadro de mudanças vertiginosas, temos de fazer o que os "pequenos" da Igreja sempre nos ensinaram a fazer em momentos de grande crise, ou seja, temos de nos colocar diante de Jesus Cristo que inaugura o Reino de Deus dentro da sua realidade. Ao mesmo tempo, temos que estar atentos àquilo que o Espírito está suscitando em nossos irmãos no mundo, em prol do próprio Reino de Deus.

Para refletir:

1. Como é que as mudanças socioeconômicas na Amazônia têm tocado na vida concreta da sua família nas últimas três gerações?
2. Qual parte do texto tocou em assuntos que você mais deseja aprofundar?
3. Como as pessoas da sua geração estão se sentindo diante das mudanças profundas que experimentamos?
4. No concreto, pensando na atual pandemia, onde podemos ouvir a voz dos pequenos na nossa sociedade?

A Mãe de Jesus:
sua primeira formadora

No Evangelho de Lucas (Lc 1,46-49), Maria louva a Deus "por ter realizado grandes coisas nela (e por ela)", reconhecendo, assim, a gratuidade do Amor de Deus para com essa sua "pequena serva". Na Bíblia, esse amor salvífico revelado a Israel e percebido pelas pessoas de fé se denomina "Glória de Deus". Durante toda sua vida, Jesus crescia na consciência da sua missão de abrir os olhos de todas as pessoas para perceber o amor do seu Pai agindo em favor deles. Nos Evangelhos, o leitor vai percebendo essa "Glória" se tornando cada vez mais intensa, na medida em que Jesus entra no caminho conflitivo daquela sociedade.

Na segunda parte do *Magnificat,* Maria mostra a sua consciência de que, por meio do seu Filho, a misericórdia de Deus irá realizar a transformação da sociedade. Assim, nos versículos 50-54, ela descreve aquilo que o salmista e os profetas tinham predito em relação ao Salvador, que ela sabe ser seu Filho (Sl 107,9; Is 41,8-9).

Em seu canto, por ocasião da visita à Isabel, Maria profetiza que a força da misericórdia divina presente no mundo na pessoa de Jesus irá transformar a sociedade, sempre em direção a uma maior compaixão e maior justiça em favor dos "humildes", "famintos" e do "Servo, Israel!" (Lc 1,46-54). Antes de tudo, é neste fato de Jesus servir os pobres e os sofridos que se descobre a revelação da Glória divina que está acontecendo na pessoa de Jesus.

Assim, a espiritualidade de Maria estava focada na bondade de Deus, a ser reconhecida nas suas dimensões pessoais e sociais, transcendentes e concretas da vida, para nos levar a dar uma resposta que fosse à altura da doação dele a nós. Com essa compreensão, Maria reforçava a consciência de Jesus enquanto ele ia amadurecendo na vida escondida de Nazaré. Ela notava cuidadosamente o crescimento integral dele. A esse fato, Lucas alude duas vezes: "Ele cresceu em sabedoria, em estatura e em graça diante de Deus e dos homens" (Lc 2,40.52). Era crescimento humano e divino! Era o adquirir da força física que seria necessária para as intermináveis andanças e pregações; era o equilíbrio emocional necessário para enfrentar uma liderança corrupta e um povo que temia em se mostrar incrédulo; era a coragem de viver na fidelidade ao seu Pai, e somente nisso.

Então, como adulto, nutrido durante longos anos pela fé do seu povo judaico e pelo ambiente da sua própria casa, e conhecedor dos esquemas de um Império tirânico, Jesus entendia que fora enviado para ser agente dessa nova e definitiva iniciativa divina, que se estenderia a todas as dimensões da vida humana. Em particular, era o trabalho de sarar as feridas deixadas nos pobres por aquilo que hoje denominamos "pecado social", e conduzir seu povo à comunhão com seu Pai. Atuando com o amor filial dentro de um mundo desigual e divido, Jesus virá a ser aquilo que o velho Simeão havia enxergado na criança que Maria e José haviam trazido ao Templo: "Sinal de contradição para muitos em Israel" (Lc 2,34).

Tendo passado um período de trinta anos, vivendo como membro de uma nação dominada pelo Império Romano, inserido com seu pai, José, na massa de trabalhadores explorados, amadurecido nas virtudes da piedade judaica que via praticadas diariamente por José e Maria, Jesus está pronto para assumir sua Missão no meio do povo. A pregação profética de João Batista era o sinal que ele esperava. Assim, batizado por João, voltando a sua terra, ele entra na sinagoga de Nazaré e seleciona um texto de Isaías para descrever aquilo que o Pai lhe pede e que ele está assumindo:

> O Espírito do Senhor está sobre mim,
> porque ele me ungiu para evangelizar os pobres...
> enviou-me para proclamar a remissão dos pecados,
> para restituir a liberdade aos oprimidos
> e para proclamar um ano de Graça do Senhor (Is 61,1-2).

Para refletir:

1. Em que sentido se pode dizer que Maria era a formadora de Jesus?
2. Diga algumas maneiras em que ela exerce este papel em relação aos cristãos ainda hoje?
3. Encontre as semelhanças entre o que Maria anuncia a Isabel sobre seu Filho na segunda parte do *Magnificat* (Lc 1,50-55) e aquilo que Jesus anuncia ao povo na sinagoga de Nazaré (Lc 4,18-22).
4. Ler Mc 3,31-35. Note que nesse trecho há cinco referências à mãe de Jesus. Para você, o que isso indica sobre a importância que essa mulher tinha para a comunidade de Marcos?
5. Como qualquer criança no abraço do seu pai, Jesus chamava José de "*Abbá*", que significava: "Querido Paizinho". Depois, sendo já adolescente e sentindo sua condição única de Filho Amado de Deus, ele passou a usar esse mesmo título para seu Pai Celeste (Lc 2,45). Em seu ministério, ele nos ensinou a usá-lo juntos, na oração do Pai-Nosso, pois ele estava nos trazendo para dentro da sua Comunhão com o Pai (Mt 6,9). Finalmente, qual teria sido a carga afetiva exprimida por este título quando Jesus o usa na sua última oração, implorando ao seu *Abbá*, seu "Paizinho" (Mc 14,36), "com clamor e lágrimas" (Hb 5,7), que o poupe do sofrimento da Cruz sem, contudo, desobedecer!

As primeiras experiências pastorais de Jesus

Há um fato da vida de Jesus que é citado nos três Evangelhos Sinóticos, isto é, Mateus, Marcos e Lucas, mas pouco lembrado no estudo deles. Ou seja: depois de ele ser batizado por João e antes de começar a formar seu próprio grupo de discípulos, Jesus já exerce um ministério sozinho na Galileia, onde ele andava "anunciando a vinda do Reino de Deus e curando todo tipo de doença" (Mc 1,14-15). Mateus repete este detalhe (Mt 4,24-25) e Lucas diz que, nesse período, "a fama de Jesus se espalhava por toda a vizinhança e ele era louvado por todos" (Lc 4,14-15). Assim, podemos concluir que durante este intervalo, entre o batismo de Jesus por João e o chamamento dos seus primeiros discípulos, muitas pessoas na Galileia e dos arredores tinham a experiência de ver Jesus pregando e curando, e passavam a admirá-lo.

Certamente ao voltarem aos seus povoados, essas pessoas partilhavam entre si o impacto que a figura de Jesus tinha causado neles. Como judeus sérios em busca de seu Deus, muitos teriam passado por uma verdadeira conversão depois de ver Jesus; tendo voltado aos próprios lares, procuravam seguir suas orientações na vida prática, isto é, na família, na oração em silêncio diante do Pai, no esforço de resolver as tensões juntos, no partilhar do pão com o vizinho que não o tinha.

A atuação de Jesus suscitava a alegria no povo. De maneira particular, a alegria era motivada pela consciência de que *Yahweh* estava mostrando sua predileção por seu povo por meio desse pregador itinerante que estava surgindo em meio à gente simples. Nessas iniciativas, pequenas perante os olhos das pessoas, mas grandes diante do Pai, reconhecemos os primeiros frutos da pregação de Jesus, isto é, do Reino de Deus que ele dizia estar presente!

A certo ponto nesses contatos com o povo, Jesus decidiu que era hora dele iniciar seu próprio grupo de seguidores. Primeiramente chamou Pedro; depois André, João, Tiago e Levi. Os convidou a se juntarem a ele nas suas visitas por toda Galileia. Não demorou para outros serem chamados. Assim, as notícias dele e do seu movimento se espalhavam. Quando passava por uma região, a sua fama o precedia. Suscitava no povo uma reação de eufórica alegria, mas era algo compreensível, considerando a vida triste e insegura que lhes era o normal. Quando Jesus aparecia falando uma mensagem como aquela descrita no Evangelho de Lucas (Lc 1,50-56 ou 4,18-22), o povo entendia que ele estava lhes oferecendo a libertação tão esperada por Israel. Naquela altura, porém, a ideia popular dessa libertação estava misturada com uma ideologia messiânica violenta que implicava no domínio do antigos opressores, o que não era a proposta do Reino que Jesus pregava.

Em Marcos (Mc 3,7-12), o Evangelista descreve uma cena típica da reação do povo à presença de Jesus:

> Jesus se retirou com seus discípulos em direção ao lago. E seguiu-o uma grande multidão vinda da Galileia; e também da Judeia, de Jerusalém, da Idumeia, da Transjordânia, das regiões de Tiro e Sidon; uma multidão imensa, que tinha ouvido falar do que ele fazia, foi até ele. Ele disse aos discípulos que deixassem uma barca à sua disposição para que a multidão não o apertasse demais, pois havia curado a muitos, e todos que tinham alguma doença se precipitavam para tocá-lo. E quando os espíritos impuros o viam, se jogavam diante dele, gritando: "Tu és o Filho de Deus". Mas ele os repreendia severamente para que não o tornassem conhecido.

Para refletir:

1. Feche seus olhos e procure imaginar a figura de Jesus, um jovem palestinense, andando sozinho de aldeia a aldeia na Galileia, chamando as pessoas à conversão e ao crer, desejoso de partilhar aquilo que ele tem de mais precioso, que é sua comunhão com seu *Abbá*!
2. Quais teriam sido os sentimentos de Jesus nessas horas?

3. Como você avalia o tipo de reação vista em Marcos 3,7-12 e 6,53-56?
4. O que estaria faltando para essa reação se tornar uma verdadeira experiência de fé cristã?

As pessoas que procuravam Jesus: as multidões

Nos Evangelhos Sinóticos, o grupo mais amplo daquelas pessoas que vinham até Jesus quando ele estava num determinado lugar é denominado de "multidão". No contexto da sociedade de então, o trabalho principal dessas pessoas era com muita probabilidade a produção de grãos. Na economia de Israel, eram essas pessoas que mais produziam a riqueza da nação, e eram elas as mais injustiçadas pelos esquemas em vigor.

Havia muito desrespeito em Israel por esses agricultores. Tinham de atuar em condições precárias: dívidas, secas, tirania romana, frequentemente na condição de arrendatários endividados com um latifundiário. Eram acusados pelas autoridades religiosas de serem impiedosos por aceitarem os costumes dos vizinhos na Galileia, onde judeus e gentios viviam juntos. Além dos agricultores, aqueles que trabalhavam com couro eram considerados como malcheirosos; os pastores, que cuidavam dos rebanhos durante a noite, tinham a fama se serem ladrões. Enfim, era aquela gente da terra que os profetas tinham descrito, que procuravam sobreviver cultivando um pequeno lote que era a herança da família; eram "curvadas" sobre a plantação, gastando suas energias produzindo a cevada e o trigo que alimentavam o exército e a capital romana, enquanto o que sobrava, normalmente de uma qualidade inferior, era deixado para eles.

Muitas pessoas vinham para ouvir Jesus, motivadas por uma fé que buscava alívio em forma de um novo horizonte de esperança para eles e seus filhos. Outros viam em Jesus o término do abandono descrito pelos profetas (Is 1,10-17; Mq 2,1-5; Os 8,4-7; 11-13). Contudo, se a situação dessas pessoas era ruim, pior ainda era aquela dos que viviam sem casa, à margem das cidades: cegos, mendicantes, leprosos.

Em geral o contato de Jesus com as pessoas dentro das multidões era breve e limitado. Mas não faltavam exemplos de profunda comunicação entre eles. Algumas dessas pessoas conseguiram até mesmo ter um encontro face a face — coração a coração — com o Mestre. Nessa ocasião pediam-lhe, em geral, uma cura ou a libertação de algum mal espírito. Entre esses estavam o ex-endemoninhado Geraseno (Mc 5,1-20); a mulher hemorroíssa (Mc 5,22-34); duas mulheres pecadoras (Lc 7,36-50; Jo 8,1-11); alguns publicanos e seus colegas "pecadores" (Mc 2,15-17); vários cegos (Mc 8,22-26; 10,51); algumas mulheres dos círculos mais favorecidos (Lc 8,1-3; Lc 10,38-42); uma mulher Cananeia, cuja capacidade de argumentar impressionou a Jesus (Mt 15,28). Veremos mais exemplos disso mais abaixo.

No instante em que o olhar dessas pessoas cruzou com aquele de Jesus, ou no momento em que o viram se compadecer de seu sofrimento antes mesmo dele atender os pedidos, quantas dessas pessoas terão sentido uma atração por esse Nazareno que as levava a abrir seu coração ao seu Deus, num ato silencioso de arrependimento e de entrega a ele, por meio de Jesus. Era exatamente essa a reação que Jesus buscava suscitar neles! Aliás, ao se aproximarem do Filho, sentindo nele uma compaixão que era um convite à confiança nele, essas pessoas estavam dentro de um dinamismo libertador que levava a um relacionamento pessoal de união com Jesus. Era o dinamismo de uma fé que conduzia à remissão dos pecados e à comunhão com Jesus e seu Pai. Seria essa a mensagem central tanto do Reino de Deus como da Igreja e que nascerá depois de Pentecostes (Lc 3,3; Mc 1,14-15; 2,8-11; At 2,38).

O Evangelho de Marcos não esconde o fato de que a oferta de amizade por parte de Jesus possa ser recusada, se não explicitamente, então pela falta de uma sensibilidade religiosa na pessoa. Mesmo nas fileiras da Igreja cristã, muitas pessoas têm pouco conhecimento pessoal de Jesus para perceber o convite a uma amizade com ele como algo possível para elas. Podem aderir à fé e à prática da religião cristã, mas não descobrem tão cedo a alegria de relacionar a vida concreta, de família, de profissão e da cidadania com o convite de Jesus para participar do Reino de Deus, já agora e com todo seu ser!

Na verdade, o peso dos fatores que atuam contra a perseverança da Palavra e uma colheita abundante para o Reino de Deus é tanto que Jesus considera a fidelidade à vontade do seu Pai ser "impossível para os homens!" (Mc 10,23-27). Por outro lado, Deus sabe usar as experiências, às vezes tristes, para nos conduzir a uma colheita abundante, numa vivência de virtudes adquiridas ao custo de sofrimento. É o fruto da nossa lenta entrega à sua discreta presença em nossa vida. É mais um sinal de que, "Para Deus, tudo é possível!" (Mc 4,8.20; 10,23).

Para refletir:

1. Quem é que você vê buscando viver na amizade com Jesus na Amazônia hoje?
2. Como é que você experimenta a dinâmica da fé operando em você neste momento da sua vida?
3. Quais sinais você vê da força transformadora da amizade com Jesus conduzindo as pessoas a trabalhar em prol de uma sociedade amazônica mais fraterna e mais justa para todos?
4. No Evangelho vemos pessoas pequenas e frágeis abrindo-se à força da fé. Você vê algo semelhante acontecendo hoje?

"Uma força saía de Jesus e curava a todos"

Sempre se esforçando para visitar todas as aldeias e cidades da Galileia, Jesus já tem um pequeno grupo de homens e mulheres que o acompanham. O número de pessoas nas multidões que vêm atrás dele vai crescendo, graças à força da sua Palavra para ensinar o povo sobre seu Pai e de curar muitos doentes.

Poderíamos resumir tudo isso ao dizer que na Galileia, terra de judeus e de gentios, no início dos anos trinta do primeiro século, a face do Pai misericordioso estava se revelando aos homens e mulheres que tiveram olhos para ver (Mc 4,11-12). Era a força da caridade, que é a dinâmica principal da vida cristã, irrompendo no mundo nas palavras e gestos de Jesus, colocando o poder dele a serviço do bem das pessoas. Era o humilde início de um movimento que tinha dentro dele o dinamismo da vida eterna, e que continua a crescer, até hoje! (Mc 4,1-9.26-42; At 2,17-19; Lc 2,14). Era aquilo que Jesus denominava de "Reino de Deus" se tornando uma realidade no mundo, em forma de atos e atitudes mais humanos e mais livres, que atraíam as pessoas a Jesus. Então a luta que sentimos no nosso coração e na nossa sociedade, entre o fechamento no nosso egoísmo e a doação no serviço dos irmãos, tem sua origem nesta presença ativa de Jesus na Galileia. É a continuação da novidade que Jesus trouxe, de uma nova ética de justiça e de solidariedade na convivência humana, mais profunda de que a Torá de Moisés e da tradição dos judeus, por estar enraizada na comunhão entre o Pai e o Filho, que é a própria vida divina!

Sabemos que, em Deus, essa comunhão e essa vida são chamadas de *Ágape*, isto é, a comunhão de amor infinita, dinamizada pelo Espírito de Cristo e vivida por nós, em forma de solidariedade. Hoje, com Jesus Ressuscitado e glorificado, é justamente esse *Ágape* a força que sai dele para curar a todos! Na obra da nossa Salvação, este amor *Ágape* se torna o dom principal dado pelo Pai a todos que se convertem e aderem ao Filho de Deus (Rm 5,5). Dessa comunhão, surge a realidade de um povo que acolhe o Reino do nosso Criador e Pai.

O Papa Francisco nos avisa que há outra força sobrenatural que se coloca diametralmente contra o nosso crescimento espiritual. É aquela que os evangelhos chamam de "Satanás". Era essa força maligna pessoal que tentava desviar Jesus do caminho que o estava conduzindo à Cruz (Mc

8,31-33). Jesus via esse mal querendo manter seus discípulos na incredulidade. Mas viu, também que o Maligno estava sujeito a força do amor que estava em Jesus e que iria ser dada à sua Igreja (Lc 10,17-30; 22,31-32). O Papa nos avisa que a melhor defesa contra o demônio é aquela de ter clareza sobra sua existência. Francisco salienta: "Então, não penseis que [o demônio] seja um mito, uma representação, um símbolo, uma figura ou uma ideia. Este engano leva-nos a diminuir a vigilância, a descuidar-nos e a ficar mais expostos". O demônio não precisa nos possuir com demonstrações arrepiantes, como vemos apresentado na grande mídia. Basta que nos descuidemos de vigiar sobre nosso seguimento de Jesus na justiça e caridade! Então, diante de nosso descuido, o diabo age de maneira muito mais sutil e enganadora do que nos espetáculos midiáticos. Torna-nos insensíveis ao nosso afastamento de Deus. Faz crescer em nós a autossuficiência: não nos damos conta se cometemos faltas graves contra a Lei de Deus. Aos poucos caímos em uma espécie de "entorpecimento" espiritual no qual "tudo se torna lícito". É assim que o Diabo se coloca a destruir a imagem de Cristo que era obra do Espírito Santo em nós (2Cor 3,17-18), "Envenena-nos com o ódio, a tristeza, a inveja, os vícios. E assim, enquanto abrandamos a vigilância, ele aproveita para destruir a nossa vida, as nossas famílias, e as nossas comunidades"[1].

Devemos estar sempre atentos ao perigo de nos acomodar-nos ao Mal. Mas é importante termos consciência de

---

1 PAPA FRANCISCO, *Gaudete et Exsultate*, 160-161; 164-165.

que a figura de Satanás não está no centro da nossa consciência cristã, como se fosse ela a figura mais importante a se conhecer dentro do drama da nossa Salvação. Lá estão somente as Três Pessoas que amamos e em quem confiamos; ou seja, Jesus e seu Pai e o Espírito Santo, que procede do Pai e do Filho. Assim, enquanto vigiamos para evitar as ciladas do Maligno, pedimos na oração do Pai-nosso que Deus nos liberte do Mal, "ou seja, daquela força pessoal que nos atormenta".

Para refletir:

1. Nas suas próprias palavras, como seria o "entorpecimento" que o Papa descreve no texto citado acima?
2. Examine os seguintes textos que falam sobre a reação do povo perante Jesus: Mc 1,32-34 e 1,35-37.45; Mc 3,7-12 e 3,20-21; Mc 5,25-34; Mc 6,53-56; Lc 6,17-19; 12,1. À luz desses textos, como você descreveria o entendimento que o povo tem de Jesus?
3. Leia estas três parábolas de Jesus: O Bom Samaritano (Lc 10,29-37); O Rico e o Pobre (Lc 16,19-31); O Juízo Final (Mt 25,31-46). Como seria a fé que Jesus está pedindo nessas parábolas?
4. Como é que você se vê envolvido nessas dinâmicas apresentadas nesses textos?

O Reino de Deus antecede a Igreja

À luz do que vimos até agora, dá para entender que, na história da nossa Salvação, o Reino de Deus antecede a Igreja. Ou seja, no plano de Deus, havia várias etapas. Primeiro veio a longa espera de Israel por seu Salvador. Ela começou com o tempo dos Patriarcas e terminou com a chegada de João Batista. Depois, houve o momento de Jesus de Nazaré e a inauguração do Reino de Deus. Esse momento atingiu seu auge na Morte e Ressurreição do Senhor. Por fim, veio o tempo da Igreja, inaugurado com a vinda do Espírito Santo sobre os Apóstolos e "sobre toda a carne" (At 2,17-19), e que continua até hoje.

Em seu ministério entre nós, Jesus falou quase que exclusivamente do Reino de Deus, ao mesmo tempo em que formava seus discípulos para serem testemunhas de sua vitória sobre a morte e serem os futuros líderes da sua Igreja, que iria nascer no dia de Pentecostes. Assim, enquanto Jesus estava no meio de nós, quem o ouvia e acreditava em sua Palavra fazia parte do Reino que ele anunciava mediante palavras, obras e com sua própria vida.

Depois da Ressurreição de Jesus e da vinda do Espírito Santo sobre os discípulos, aqueles judeus que já conheciam Jesus e que haviam crido no anúncio da sua Ressurreição foram batizados para formar a nova comunhão de fé, isto é, aquele núcleo de fiéis que iria compor a Igreja primitiva. Obviamente, esses fiéis continuaram a ser participantes do Reino de Deus. Pois a Igreja era impelida para a realização da vontade de Deus e estava dotada com o Espírito Santo para ser "Sacramento do Reino". Por isso, ela devia se mostrar ao mundo como a instância mais unida (mais "sinodal") da comunhão com Deus e com os irmãos, que é a essência tanto da Igreja como do Reino.

Mas o que dizer das inúmeras pessoas que, por uma razão ou outra, não conhecem ou não aderiram à Palavra de Jesus? Hoje a população mundial está em torno de sete bilhões de pessoas; destas, os cristãos são aproximadamente dois bilhões e dezoito milhões. Sem julgar a opção religiosa de qualquer um, podemos oferecer várias impressões sobre este fato.

Antes de tudo temos de lembrar que Deus ama infinitamente a cada ser humano. Isso ficou claro tanto no Antigo Testamento como no Novo. Assim, as palavras de Salmos 32 descrevem a atenção carinhosa dirigida a todas as pessoas.

> Feliz é a nação que o tem por Deus, o povo que ele escolheu por sua herança!
> Pois do alto céu o Senhor olha e eis que os filhos de Adão ele contempla.
> Ele nos vê a todos de onde mora,
> os que habitam a terra ele examina,
> pois forma o coração de cada um, por todos seus atos se interessa (Sl 32,12-15).

Esse olhar carinhoso dirigido a cada um é um dos principais traços de Jesus em todos os Evangelhos, mas de maneira particular em Mateus. Em seu Evangelho, entre todas as qualidades de Jesus, a misericórdia é destacada (Mt 9,10-13; 12,1-8). De fato, em seu relato, Mateus dá a entender que foi justamente pelo fato de Jesus ter tornado presente a misericórdia do Pai no mundo que ele deverá morrer (Mt 12,9-13)!

O conhecimento de Jesus por meio do anúncio do Evangelho pode suscitar a fé em uma pessoa que, por sua vez, poderá conduzi-la ao desejo de se tornar cristã. Contudo, há áreas do mundo onde a Palavra não foi pregada; ou se foi, não foi acompanhada por um testemunho crível. Em segundo lugar, há a força da cultura local, especialmente no caso das grandes religiões — judaísmo, budismo, hinduísmo etc. — que orientam a religiosidade do povo à outras figuras tradicionais. Outro problema em relação ao cristianismo é o fato deste ser considerado por vezes como uma religião que parece demasiadamente conceitualista e institucional — o que frequentemente torna as pessoas indiferentes. Nesse sentido é especialmente importante recuperar a dimensão afetiva na apresentação de Jesus. Também os escândalos acontecidos na Igreja criam um bloqueio para muitos, especialmente para os mais jovens, que desenvolvem maior dificuldade em vir a acreditar nela. Finalmente, a figura de Jesus de Nazaré é pouco usada para "atrair" (Jo 8,32) as pessoas a ele.

Sem insistir demais em nossas categorias, e deixando de lado a questão das pessoas que foram batizadas, mas que não aderiram a uma Igreja cristã, podemos sugerir que hoje o termo "Reino de Deus" é mais sugestivo em relação à vontade de Deus sendo realizada no mundo inteiro, e numa infinita variedade de maneiras, por pessoas que podem ou não professar a fé em Jesus. Para os cristãos, é a força da fé em Cristo que os "impele" a lutar pela vida mais plena (Mc 1,12). Para os outros, é o Espírito Santo que foi derramado sobre toda a carne e atua no segredo dos corações das pessoas de boa vontade. Nessas pessoas, a sua própria vida familiar, a compaixão pelos sofridos, os trabalhos assumidos para aliviar a dor dos pequenos, enfim, tudo testemunha a força do Espírito de Jesus agindo dentro delas, vencendo o egoísmo e a ganância e criando novos espaços de comunhão e da justiça. Visto assim, o Reino de Deus significa "Deus Reinando", isto é, sua vontade para com sua criação sendo feita, aqui e agora, por homens e mulheres, sejam eles cristãos ou participantes de uma outra religião, ou militantes de mudanças mais humanas.

Analisando este quadro, fica evidente que a Igreja cristã está a serviço do Reino! É justamente aquele trabalho de evangelizar e de testemunhar, o mesmo que os Apóstolos receberam de Jesus ao serem enviados ao mundo por ele. No dizer do Papa Francisco:

> Antes de tudo, a Igreja tem a Missão de anunciar um Deus que ama infinitamente a cada ser humano, que manifestou este Amor em Cristo crucificado por nós e ressuscitado na nossa vida. Este anúncio deve ressoar constantemente na Amazônia, expresso em muitas modalidades distintas. *A reação fundamental a este anúncio, quando ele consegue provocar um encontro pessoal com o Senhor; é a Caridade fraterna, aquele Mandamento Novo... que é o que mais nos identifica com os discípulos*[2].

"Um encontro pessoal com o Senhor". É assim que o Papa Francisco descreve a amizade com o Senhor Jesus! Mais ainda: a mensagem da Igreja testemunha a presença de Jesus Ressuscitado dos Mortos; e a fidelidade dos fiéis inunda o mundo com a força da caridade fraterna, que é a marca indelével dos cristãos que vivem na amizade do Senhor. Em várias maneiras e em todos os lugares esta é a missão primordial da Igreja, no serviço do Reino de Deus.

Para refletir:

1. Afirmamos que a Igreja está a serviço do Reino de Deus. E o Reino de Deus estaria a serviço de quê?
2. O Reino de Deus se encontra nas tentativas de várias pessoas que querem ajudar na construção de uma convivência mais humana. Qual a situação de um jovem que

---

2 Papa Francisco, *Querida Amazônia*, 2020, 64-65.

deseja servir ao Reino de Deus por meio de uma carreira em uma das ciências humanas que tratam da sociedade (economia; sociologia, políticas públicas)?
3. O que será que o Espírito Santo faz para que aquelas pessoas que aderem a outra religião, ou mesmo a nenhuma, se tornarem participantes do Reino de Deus?
4. Diante do uso generalizado e indiscriminado de agrotóxicos, qual seria a atitude cristã indicada?

Jesus respeitava a liberdade da pessoa humana

Jesus nunca forçava ninguém a entrar, nem a perseverar, no seu Movimento. Em vez disso, reconhecia a liberdade — e a responsabilidade — daqueles que desistiram do seguimento dele; e até de quem o traísse (cf. Mc 10,21; 14,18; Jo 6,66-67; 13,27). Havia muita falta de fé em Israel, mas para os que tinham olhos para enxergar a doação que Jesus estava constantemente fazendo de si, até com perigo de perder sua vida, a serviço dos sofredores, suscitava uma resposta de compromisso para com ele e fazia com que o relacionamento de amizade entre Jesus e seus discípulos crescesse. Não é que houvesse um clima filantrópico ou de autoglorificação no seu movimento, pois o sofrimento do povo e o ódio dos inimigos eram demasiadamente reais para isso! Mas como homens "justos" que queriam o melhor para seu povo, o constante exemplo de Jesus falando do seu Pai, aliviando a dor dos doentes e a solidão dos pecadores e sempre se colocando no meio dos pobres, não deixava de servir de exemplo da vida nova no Reino que ele estava inaugurando. Apesar de todas as contradições entre seus sentimentos de medo, por um lado, e de admiração, por outro, os discípulos se encontravam atraídos pelo seguimento desse homem que os estava envolvendo numa nova forma de convivência social, alicerçada no amor do Pai que Jesus revelava. Era o relacionamento de amizade que veio a crescer entre Jesus e seus seguidores.

Todos nós sabemos que uma amizade profunda como essa exige tempo suficiente para que ela possa passar pelas crises que a vida apresenta. No decorrer ordinário das coisas, isso é um processo muito demorado. Por isso, na segunda parte de cada Evangelho, iremos ver Jesus aproveitando de toda oportunidade para aprofundar a formação dos seus discípulos. E mesmo assim eles entendem pouco daquilo que está acontecendo. Entretanto, com o passar do tempo e em companhia de Jesus, irá crescer a convicção de que esse homem vinha de Deus, a ponto de suscitar a disposição da entrega da própria vida por ele (Lc 22,33; Jo 11,16).

Da maneira como os sagrados autores apresentam a trajetória de Jesus, fica claro que ele sentia a falta de tempo para realizar sua Missão. Enviado por seu Pai a todo Israel, Jesus reivindicava a autoridade de exigir de Israel a reorganização da sua sociedade — ao redor dele mesmo e não mais de Moisés. Sempre sob o olhar de inimigos religiosos e políticos que queriam matá-lo, Jesus de Nazaré (Mc 3,6;

Mt 22,15-22) era também procurado continuamente por centenas de pessoas abatidas.

Marcos, provavelmente o primeiro a escrever um Evangelho, entendeu muito bem a pressa de Jesus em cumprir sua missão. Usando em seu Evangelho uma linguagem que implica uma violência contra ele próprio, Jesus afirma já no início da sua Missão que ele vai ser "tirado" do meio dos seus (Mc 2,20). Pouco depois, o Evangelista nos mostra os inimigos de Jesus já planejando a morte dele (Mc 3,6). Mais adiante no mesmo capítulo, vemos o ódio dos líderes religiosos acusando Jesus de atuar com o poder de Beelzebul, o Príncipe dos Demônios (Mc 3,27). No meio do Evangelho de Marcos, há uma feroz polêmica de Jesus com os líderes religiosos (Mc 7). E no caminho a Jerusalém, a urgência de Jesus é gritante: por três vezes ele informa a seus discípulos que será morto na capital (Mc 8,31; 9,31; 10,33-34). Por sua vez, seus discípulos estão conscientes dessa hostilidade contra ele e ficam apavorados diante da sua determinação de entrar na Cidade Santa, e do fato de eles próprios o estarem seguindo nisso (Mc 10,52)! E durante todo o tempo Jesus continua falando da sua Ressurreição e preparando seus amigos para assumir o papel de pescadores de homens no movimento que será a resposta do Pai à confiança do Filho Amado.

Então podemos entender o ritmo acelerado da vida de Jesus. Os Evangelhos dão a impressão de ele estar sempre "a caminho". Era a pressa de visitar todos os povoados e cidades da Galileia e da Judeia levando o anúncio do Reino de Deus (Lc 4,43). E o tempo de Jesus no meio do povo era mesmo curto! Nos três Evangelhos Sinóticos, usando o calendário de festas populares dos judeus mencionadas pelos autores, os estudiosos calculam que a carreira de Jesus com o povo foi de aproximadamente um ano e alguns meses! As forças do egoísmo que configuravam aquela sociedade tinham cada vez mais ódio de Jesus e não permitiram que ele permanecesse "enganando o povo," para se proclamar rei (Jo 7,47; 19,13).

Para refletir:

1. No calendário da sua comunidade eclesial, quanto tempo é dedicado à reflexão teológica sobre Jesus e o Reino?
2. Para você, quais são os sinais de que alguém está crescendo na amizade com Jesus; ou de que está diminuindo nela?
3. Qual estimativa você acha que é mais histórica para a duração do ministério de Jesus: a de Marcos (um ano e meio) ou aquela de João (três anos)? Explique porque.
4. Leia os capítulos 6 a 10 de Marcos. Verifique quantas vezes esse autor mostra Jesus trocando de um lugar para outro. Qual a conclusão que você tira?
5. Jesus caminhava com pressa e determinação durante toda sua Missão. Sabia quem era e o que ele queria para seus discípulos. Como é que você vê estas atitudes refletidas (ou esquecidas) nos ambientes das comunidades eclesiais que você conhece?

Os discípulos: homens em formação para continuar o trabalho de Jesus

Acabamos de considerar como as "multidões" reagiam a Jesus quando ele estava nas suas áreas, e como essas pessoas retornaram às suas próprias casas depois. Certamente a experiência de ter presenciado Jesus ensinando e curando causou um impacto em todos aqueles que iam até ele de coração aberto. Sua autoridade e sua compaixão deram a entender que a Salvação de Deus estava se manifestando mais uma vez em Israel, depois de um longo tempo de silêncio.

Não custou muito para a figura de Jesus de Nazaré dominar o imaginário popular. Seu ensino e seu exemplo de vida ressoavam no profundo da alma desse povo. As pessoas "pequeninas" percebiam que a santidade dele vinha de dentro da sua vida concreta, de trabalhador braçal, de família pobre e de membro do povo que era desprezado pelos próprios líderes e pelos romanos. Seu ensino não era de uma postura moralista ou de uma elite afastada da realidade do povo. Naturalmente, especulações começaram a surgir sobre sua identidade: seria ele João Batista ressuscitado? Ou o Profeta Elias que devia voltar antes do Messias; ou outra figura do passado? O próprio rei Herodes deu seu palpite supersticioso (Mc 6,14-16). No fim, o povo não sabia o que dizer. Porém, os discípulos, que estavam com ele a cada dia, sabiam. A resposta veio de Pedro: "Tu és o Cristo!" (Mc 8,27-30).

A grande maioria do povo que veio ao encontro de Jesus era gente da roça, pessoas simples e sinceras, com uma sabedoria alicerçada nas Escrituras, sempre consciente da precariedade da sua própria vida, sempre confiante de que Deus iria enviar um Profeta poderoso para salvar seu povo. Era um povo que sentia sua pequenez diante do seu Criador, como se vê nos Salmos que cantavam.

Para essas pessoas, a aparência de Jesus, humilde trabalhador como eles, mas poderoso em suas curas e em seus exorcismos, não deixava de criar um ambiente de euforia, embora isso fosse mais de acordo com aquilo que eles estavam querendo ouvir do que com aquilo que Jesus estava ensinando. Frequentemente, não havia nem ambiente nem tempo para ele explicar melhor o seu ensinamento. Então Jesus contava uma ou outra parábola para captar a atenção e colocar o povo a refletir. Confiava na ação do Espírito agindo em seus ouvintes.

Mais tarde, porém, quando a multidão tivesse voltado para suas casas, Jesus respondia às perguntas dos discípulos. Era o processo de formar seus amigos, explicando com maior profundidade "o Mistério do Reino" a esses homens e mulheres que ele iria enviar em missão a todas as cidades de Israel; e, eventualmente, do mundo, com o anúncio da sua Glorificação e Ressurreição! No centro dessa mensagem estava a necessidade da conversão e da fé que ele procurava suscitar, tanto nos discípulos como no povo, e que era necessário para entender suas palavras (Mc 4,10-11.34; 7,17-23; Mt 13,10-17). E ainda hoje, é a nossa atitude de conversão e fidelidade que abre para nós o caminho de um maior "encontro pessoal" com o Senhor Ressuscitado.

Sabemos que Jesus aceitava de boa vontade todos que o procuravam com sinceridade, mesmo se dessem uma interpretação confusa ou até errada dele, atribuindo-lhe, por exemplo, as características de um profeta poderoso ou de uma figura política, nos moldes de Davi. Mas era essencial que seu ensinamento viesse a ser entendido com clareza pelos discípulos, para que eles pudessem ser as testemunhas confiáveis que ele iria enviar em seu nome.

Sabemos que esse entendimento claro sobre a pessoa de Jesus ocorreu aos discípulos somente após a Ressurreição e a recepção do dom do Espírito. Esse mesmo entendimento vem a nós hoje através da nossa participação numa comunidade que vive na fé do Senhor Jesus. Mas mesmo que professemos essa fé, entendemos que temos de beber profundamente da fonte dela, que é a pessoa de Jesus. Isso pode ser feito por meio do estudo da Palavra e da oração, e principalmente por nossa tentativa de viver a vida caritativa dentro da nossa realidade social. Nisso, vamos experimentando Jesus como o Amigo que nos acompanha, nos anima e nos consola, "da maneira como um amigo faz ao outro"[3].

Para refletir:

1. O conhecimento de Jesus Ressuscitado e a graça da fé nos dinamizam com um zelo para transformar realidades injustas e cruéis. Mas o que acontece quando a resposta dada a ele não vai além de interesses individuais ou das paróquias?
2. Quais são os fatores que prejudicam o entendimento mais profundo do Mistério do Reino na Amazônia?
3. Na sua Comunidade de Igreja, como é que as pessoas buscam alcançar um entendimento mais objetivo da Palavra?
4. Partilhe com os colegas o que foi para você um momento de aprofundamento no seu encontro pessoal com Jesus?
5. Qual era a parte que a Cruz teve nessa experiência?

---

3   INÁCIO DE LOYOLA, *Exercícios Espirituais*, 224.

Mais um grupo que buscava Jesus: seus inimigos

Não demorou para os líderes dos judeus perceberem que a conversa de Jesus a respeito de um novo Reino implicava em profundas mudanças na sociedade judaica, da qual eles se consideraram os guardiões da verdade. Antes de tudo, entendiam que ele via como algo necessário o término da questão sobre o puro e o impuro, uma concepção de raízes bíblicas mas acentuada pelos líderes religiosos: bem intencionada no início, acabou servindo como base de um clericalismo narcisista no tempo de Jesus (Mc 7,14-15). A questão havia assumido uma dimensão tal que Jesus chegou a ver a religiosidade oficial como hipocrisia, pois mascarava a desobediência à essência do Reino, que é a misericórdia e os mandamentos de Deus (Mc 7,8-13; Mt 23,1-12).

Vista a autoridade com que Jesus ensinava e sua visão diferenciada de Deus que ele ia revelando, o conflito entre ele e as lideranças religiosas era inevitável. Os líderes em Galileia e em Jerusalém estavam sempre de olho nele. Assim, já no início do segundo capítulo de Marcos 2,1-12, o autor nos mostra Jesus ensinando o povo sob o olhar de alguns escribas. Em Lucas essa cena é ainda mais dramática: aqueles que o vigiam são fariseus e doutores da Lei vindos de toda a região (Lc 5,17). O contexto é dado pela casa abarrotada em que Jesus está ensinando o povo: eram tantas pessoas que ninguém mais podia entrar pela porta. Inesperadamente, aparece um paralítico deitado numa maca sendo abaixado por um buraco no teto até os pés de Jesus.

Além de ser paralítico, o homem é considerado um pecador — a doença era interpretada como uma consequência do pecado.

Para os fariseus, o perdão dos pecados é recebido no Templo, por meio do sacrifício de um cordeiro realizado por um sacerdote. Para Jesus, com a chegada dele entre nós, o perdão do Pai é dado através dele mesmo, àqueles que possuem um coração contrito, seja onde estiverem. Assim, Jesus não olha para o rapaz com um olhar jurídico e condenatório. Ao contrário, ele enxerga a fé e a confiança do paralítico e daqueles que o apresentaram de maneira tão criativa e perseverante. Para Jesus e seu Pai, o pecado não podia permanecer nesse ambiente de humilde confiança em sua compaixão. Pois o pecado cria um ambiente de autossuficiência e de fuga de Deus. Assim, Jesus anuncia ao homem que seus pecados estão perdoados. Em seguida ele cura a paralisia dele. O paralítico se sente inundado pela misericórdia de Deus, ao passo que os fariseus acusam Jesus de blasfemar! O povo reconhece ter presenciado algo do mistério de Deus se revelando em Jesus: "Nunca vimos coisa igual!" (cf. Lc 7,36-50).

Há ainda outro incidente de conflito entre Jesus e a liderança judaica e que mostra claramente que Jesus vai morrer por revelar o seu Pai, cuja prioridade não é a letra da Lei e, sim, toda forma de vida que seu Filho está oferecendo aos homens, inclusive a Vida Eterna. No terceiro capítulo de São Marcos, versículos 1 a 6, Jesus está ensinando na sinagoga de Cafarnaum, e, de novo seus inimigos o estão observando "para ver se curaria no sábado, para o acusarem". Jesus, nota a presença de um homem com a mão seca e o manda que se coloque no centro. Em seguida ele desafia essas autoridades: *O que estaria mais de acordo com a vontade de Deus: que eu cure este homem no dia de sábado ou que o deixe assim?* Todos ficam em silêncio! "Jesus fita-os profundamente entristecido pela dureza de seus corações". O Deus que essas lideranças religiosas estão revelando ao seu povo não tem compaixão! Em seguida ele cura o homem e "os fariseus, saindo dali, imediatamente se reuniram com os herodianos contra Jesus com o fim de lhe tirar a vida" (Mc 3,1-6).

Em Marcos 3,22-27, de novo, fariseus "de Jerusalém" estão presentes, observando Jesus libertar pessoas de espíritos maus. Como donos da verdade que se imaginam ser, esses homens afirmam que o poder com que Jesus atua vem do Beelzebul, o príncipe dos espíritos malignos: supostamente é ele que está presente nele! Jesus rebate essa acusação com uma constatação que deveria ser óbvia aos fariseus: o mau espírito prejudica, divide e desfigura as pessoas. O bom Espírito, agindo por meio de Jesus, está sarando as feridas dessas pessoas e as está convidando à comunhão.

Em tudo isso, Jesus prossegue desmoralizando ainda mais as autoridades da capital, as mesmas que irão matá-lo, em breve (Mc 11,18)! Assim vemos que o conflito entre Jesus e seus inimigos trata de nada menos sobre quem é Deus: como ele é e quem é que o conhece!

Para refletir:

1. Em Marcos 3,1-6, quais são as diferentes maneiras de pensar sobre Deus que estão em rota de colisão neste trecho? Quais são as expressões dessa mesma colisão aqui hoje, na Amazônia?
2. Leia os seguintes trechos: Lc 13,10-17 e 14,1-6: o que é que esses dois trechos têm em comum com Mc 3,1-6?
3. Em Mc 3,27, Jesus conta uma pequena parábola de um só versículo, na qual apresenta o verdadeiro entendimento daquilo que está acontecendo no Reino de Deus. Vejamos o versículo: "Ninguém pode entrar na casa de um homem forte e roubar-lhe os bens sem primeiro amarrá-lo; só então poderá saquear a sua casa". Agora, focalizando neste versículo, analise-o da seguinte maneira: a casa representa o que? O ladrão, quem seria? O homem forte que é dono da casa, seria quem? Esse homem forte, vencido e amarrado pelo ladrão, representaria o que? Os pertences da casa simbolizam o que? Quem estaria participando nesse "roubo" hoje?

"A necessidade" de Jesus morrer

Para Lucas, a Igreja é a continuação do grupo original dos primeiros discípulos, que tinham adquirido um vasto conhecimento de Jesus antes da sua morte. Eles o viram vivente após a Ressurreição, e continuaram a interagir com ele uma vez que foi elevado à Glória do seu Pai. De maneira especial eram as memórias de Jesus gravadas nos corações das testemunhas oculares, aprofundadas pela experiência com o Cristo Ressuscitado e passadas oralmente às suas comunidades, durante os anos 33 a 70, período em que foram compostos também os primeiros escritos do Novo Testamento. Em todas estas reflexões da Igreja Primitiva, uma coisa ficava óbvia: da mesma forma como Jesus de Nazaré, o Cristo Ressuscitado e Glorificado amava de maneira desmedida cada pessoa humana, e mais ainda aos pobres e sofridos com os quais se deparava no decorrer da sua missão. Agora, como Senhor Glorificado, Jesus continua a enviar membros da Igreja a serem semeadores deste amor no mundo.

Foi mencionado um pouco antes que, desde o início da Igreja, as memórias de Jesus guardadas pelos discípulos eram passadas ao povo. Mas a pessoa do Homem de Nazaré era tão rica que nos leva a perguntar: de qual Jesus se tratava? A variedade de lembranças de Jesus nos Evangelhos é impressionante! Ele aparece como recém-nascido, pobre e destinado ao sofrimento, mas investido de realeza e glória. Aparece também como adolescente que ousa chamar Deus de "Meu querido Pai". Depois, o vemos "cheio de graça e sabedoria", sendo "impelido" pelo Espírito Santo ao deserto para lutar contra o maligno. Em seguida ele é visto como pregador itinerante andando pelos campos e povoados da Galileia, anunciando o Reino de Deus aos seus conterrâneos, dando sinais poderosos da presença de Deus, chamando Israel a uma conversão para receber a nova vida do Reino, que abrange o tempo e a eternidade.

Entre o povo, Jesus era muito apreciado como pregador de uma "nova doutrina", anunciada com uma autoridade inédita em Israel (Mc 1,27). Assim, enquanto os líderes religiosos da época se esforçavam para manter Moisés e o Êxodo como elementos centrais da fé, Jesus mostrava o poder de uma Libertação baseada na sua própria experiência de Filho que se fez pequeno na obediência ao Pai. E cada vez mais os líderes o temiam por causa da sua influência sobre o povo (Lc 19,47-48; 20,19; 23,5).

Lendo a narrativa de cada Evangelho, nós somos convidados a caminhar com Jesus, deixando crescer em nós o mesmo conhecimento dele que os discípulos adquiriram durante três anos de convivência com o Mestre. À luz desse homem, nós enxergamos a sua glória e a do seu Pai, quer dizer, enxergamos o quanto Deus deu, de si mesmo, no plano da Salvação: o Pai entregou seu Filho Amado como ícone da sua misericórdia, e recebeu de nós a dureza de coração e a rejeição (cf. Mt 13,15).

Jesus não somente ensinou o povo com soberana autoridade, mas também agiu com poder e liberdade, promovendo o bem integral das pessoas. Fazia isso habitualmente, mesmo quando era o caso de passar por cima de tradições e de costumes tidos como absolutos pelas autoridades religiosas. Às vezes apelava a exemplos do Antigo Testamento (Lc 6,1-5); outras vezes, ao bom senso (Lc 13,1-3); outras ainda, à sua condição de Filho enviado pelo Pai (Mc 2,10-12). Na verdade, Jesus sempre fazia questão de indicar a sua maior autoridade de agir em prol da restruturação de Israel, por ser ele o Filho a quem foi dado o conhecimento único do Pai (Mt 11,27). Naquela sociedade só isso era suficiente para ele ser condenado à morte! Consciente disso, Jesus tinha falado repetidamente aos discípulos que "era necessário" que morresse e ressuscitasse. Mas não foi entendido, nem pelo povo, nem pelos discípulos, e muito menos pelos poderosos da nação.

Mas então, qual era a "necessidade" de Jesus morrer?

Examinando a narração da trajetória de Jesus que o conduziu à morte, em cada um dos três Sinóticos (e, igualmente, em São João), a resposta se apresenta com bastante clareza e consistência. Ou seja, entendemos que a morte de Jesus foi consequência da revelação que ele fez de seu Pai, e, em particular, do amor desse Pai pelo ser humano. Por ter assumido a autoridade de Filho por revelar esse Deus, chamando o povo a se converter e a segui-lo no exercício de uma discreta caridade para com todos, Jesus sabia que estava sendo visto como uma ameaça à sociedade de seu tempo.

Ganhamos, então, uma profunda compreensão de Jesus e de sua maturidade em relação ao seu entendimento do plano do seu Pai, na véspera da Páscoa que se aproxima. Ele sabe que o grupo do Sumo Sacerdote não irá permitir que ele "subleve" o povo durante a Páscoa (Lc 23,1-7). Mas ele tem de cumprir sua missão de evangelizar a capital, e o tempo é cada vez mais curto. Então Jesus entende que o Plano do seu Pai inclui a sua atuação em Jerusalém, que já se iniciou em forma de ensinamento no Templo sob olhos dos Sumo Sacerdotes; e que continuará até a sua morte nas mãos dos romanos. Mas será uma morte seguida pela vitória sobre a própria morte. E é assim que ele fala da necessidade de ele morrer — e ressuscitar.

Para refletir:

Aqui o leitor deve ler e meditar sobre todos os seguintes trechos para ver se eles confirmam ou não a nossa afirmação sobre a razão de Jesus ter sido crucificado: Mc 3,1-6; Mt 12,9-14; Lc 6,6-11; 13,10-17; 14,1-6. Então procuremos refletir juntos:

Para refletir:

1. Jesus morreu por viver em fidelidade ao seu Pai no serviço das pessoas, e por ensinar que toda a convivência social tinha de ser orientada à prioridade de seu Pai. Os Evangelhos mostram como ele ia desnudando as maneiras como nós criamos deuses menos exigentes, para desobrigar-nos diante do Todo-Poderoso e salvaguardar a nossa vida individualista.
2. Será que enxergamos algum reflexo dessa tendência de criar um Deus feito à nossa medida na nossa atuação religiosa e política aqui na Amazônia?
3. Verifique a constatação de que, também no Evangelho de João, Jesus vai morrer por ter curado um homem no sábado e por ter dito que, nisso, estava fazendo o que via o seu Pai fazer (Jo 5,1-19). Quais conclusões sobre essa concordância você tira?

A bondade de Jesus para com o povo

Já se considerou sobre como as multidões reagiam a Jesus quando este estava na região delas, e como retornavam às suas próprias casas depois de Jesus partir dali. A persistência do povo na busca de outros encontros com ele indica que ele causava um impacto em seus ouvintes (Mt 14,13-21; Lc 9,10-14). Recordamos que, no início do Ministério de Jesus, seu ensino feito com autoridade e acompanhado por suas curas poderosas era a primeira coisa que o povo notava (Mc 1,21.27). Davam a entender que o Espírito Santo estava presente e atuando na nação, depois de séculos de os céus estarem fechados (Mc 1,10). Ao ouvir Jesus falar, as pessoas "pequeninas" percebiam que as suas pregações eram forjadas dentro da mesma realidade em que elas viviam, de família, de trabalho, de pobreza generalizada, de esperanças frustradas. Assistiam com reverência a cada gesto e palavra dele. Encontravam nele uma luz que iluminava as trevas que tinham descido sobre Israel por séculos. Por sua parte Jesus entendia qual era o cansaço do povo e a sua humilhação dentro de um sistema que dava mais valor a um animal de trabalho do que a um ser humano (Lc 13,10-17).

Não custou muito tempo para a figura de Jesus de Nazaré vir a dominar o imaginário popular na Galileia. Sua presença em uma área criava um ambiente de euforia e até de triunfalismo, inclusive do tipo político. Em relação a este último, havia o movimento dos *sicarii* (sicários = portadores de adagas), uma facção revolucionária. Mas Jesus sabia que estas iniciativas humanas não eram adequadas como resposta ao anúncio da Boa Nova do Reino que estava irrompendo em Israel. Pois esse precisava ser assimilado pela pessoa em sua totalidade, no silêncio da oração, feita "no quarto, com a porta fechada, sozinho diante do Pai" (cf. Mt 6,6).

Muito mais de que reacender sentimentos messiânicos, o Reino tinha como ponto central a oferta ao ouvinte de uma participação no relacionamento carinhoso entre Jesus e seu Pai já neste mundo, e de sentar à mesa com eles no banquete da vida eterna, no Céu (Mc 9,33-37; Lc 22,28-30; Dn 7,13-14).

Como se viu, o Reino não era somente uma esperança apontando para um futuro nebuloso "no Céu". Ao contrário, o Reino tinha também a dimensão ética e social a ser vivida hoje, no partir do pão, na cura dos doentes, na defesa do mais fraco. Tudo isso já era ensinado aos judeus por Moisés e pelos Profetas. Mas neste mundo, era fácil perceber a força do mal prevalecendo, e as injustiças continuavam. Agora com Jesus no meio deles, os judeus deviam ser inspirados por seu exemplo e fortificados pela força que saía dele para criar um novo povo, forjado na Caridade.

Os Evangelhos mostram repetidamente o esforço que o povo fazia para chegar aos lugares onde Jesus estava, mesmo a custo de muito sacrifício (cf. Mc 2,3-4). E em todo lugar, eram as pessoas sofridas as primeiras a chamar a atenção dele. Assim é possível ler em Marcos:

> Naqueles dias, como havia de novo grande multidão e não tinham o que comer, ele chamou os discípulos e disse-lhes: "Tenho pena deste povo! Há três dias eles permanecem comigo e não têm o que comer. Se eu os mandar embora em jejum para suas casas, vão desmaiar no caminho, pois alguns vieram de longe" (Mc 8,1-3).

Jesus, o Filho de Deus e agente do Reino, que se preocupa antes de tudo com a situação imediata, de fome, de cansaço, de abandono do povo que seu Pai lhe havia confiado! Usando trechos já mencionados — e que o leitor lembrará —, os Evangelistas mostram como essa imagem de Jesus compassivo é muito consistente em todos os Evangelhos (cf. Mc 3,7-12; 6,34-44; Mt 4,23-25; 9,36; 12,7; 14,13-15; Lc 9,14-15).

Para refletir:

1. A partir da compaixão de Jesus para com o povo que veio até ele, pense qual seria sua reação hoje frente à situação atual das diferentes populações — indígenas, ribeirinhos,

seringueiros, quilombolas, pequenos agricultores que viviam da selva, a respeitavam e a protegiam. Agora a veem entregue a "modelos de desenvolvimento" que a destroem indiscriminadamente, para o prejuízo do mundo inteiro! Assim surgem classes inteiras de pessoas forçadas a mudar para as periferias de grandes cidades, com tudo que isso implicava de perda de relacionamentos mais humanos e de degeneração social.

2. Fique no silêncio diante de tudo isso, procurando ver esse cenário com a mesma compaixão de Jesus. Depois responda: podia ter sido diferente? Porque não foi? Porque não é?

3. Faça uma pesquisa sobre os povos originários, que estão sendo ajudados a se organizar — e muitas vezes correndo risco de vida — para proteger seus direitos, suas terras, sua identidade cultural e sua existência. Depois, quando tiver oportunidade partilhe o que descobriu sobre esta realidade bastante atual. (Convide alguém que atue nesta realidade para falar com sua comunidade).

4. Considerando o que se falou, sobre a necessidade de Jesus sofrer, poderemos afirmar o mesmo sobre pessoas que trabalham para a justiça na Amazônia? Poderia citar os nomes de algumas pessoas que deram suas vidas por isso?

5. O que será que esses fatos têm a ver com o Reino de Deus?

"Quem é este homem?": a condição misteriosa da pessoa de Jesus

A Missão de conduzir o povo da sua nação a uma nova convivência está levando Jesus à exaustão (Mc 4,38), às lágrimas (Lc 19,41-44), ao terror (Lc 12,49-50) e, eventualmente, ao derramamento do seu sangue (Lc 22,20). Jesus sabe que a vontade do Pai é que a mensagem da participação do Reino se torne presente no coração de cada israelita. O tempo de Deus vir em julgamento de Israel está perto, na pessoa do Filho. A sociedade judaica de seu tempo está sob o julgamento, e o ponto central deste será a transformação dela nos moldes da convivência que Jesus está mostrando, na sua pessoa e no pequeno grupo de amigos que ele está formando. Continua passando por todos os lugares chamando os seus conterrâneos à conversão, mas prevendo que poderá ser rejeitado, como aconteceu aos Profetas antes dele. Jesus sabe que a sociedade que ele está denunciando tem fama de matar os Profetas que lhe são enviados (Mc 12,1-12; Mt 23,37-38)! Por isso, ele avisa aqueles que queriam se juntar a ele: examinem seus recursos e sua motivação antes de assumir essa Missão (Lc 14,28-33).

Não demorou muito para que o povo explorado e sofrido da Galileia visse em Jesus um futuro Rei, poderoso como Davi, que iria resolver os problemas da nação com uma violência maior daquilo que os Romanos podiam imaginar. Pois seria Deus que estava vingando-se de todas as injustiças contra seu povo. Às vezes, a maneira de Jesus falar alimentava essa impressão (Lc 6,19; 12,51-53; 16,16). Mas já se viu que esse não é o intuito dele. Ao contrário, faz tudo para distanciar-se dessa má-compreensão. Se faz servo do povo, atencioso a tudo que as pessoas estavam precisando; prega, perdoa, exorciza, e vai sendo empurrado para cá e para lá pelas multidões que o circundam e lutam entre si para tocar nele e ser curadas.

O que dizer dos discípulos?

Os Evangelhos nos mostram que estes estão sempre vendo tudo a respeito de Jesus e, diante da força da sua pessoa, estão se indagando: "Quem é este homem?" (Mc 4,41). Tentando responder a esta pergunta, os discípulos chegam a dizer que ele é o "Messias", isto é, o Rei Salvador nascido de Davi. Mas logo Jesus lhes mostra que este é um título inadequado para comunicar aquilo que eles estão vendo e que irão ver, incluindo a sua Morte e Ressurreição!

Assim, os amigos de Jesus ficam sem resposta correta à pergunta, a não ser aquela que os Evangelistas atribuem à voz celeste que afirma ao próprio Jesus: "Tu és meu Filho Amado" (Mc 1,9; 9,7) ou aquela do próprio Jesus, como, por exemplo, quando ele se chama de "o Senhor," (Mc 12,36-37); "o Filho do Homem" (Mc 2,10); "o Filho de Deus" (Lc 22,70); "o Filho Amado" (Mc 12,6); "O Filho" (Mc 9,32) e de maneira especial, a sua prática na oração de chamar Deus de "Querido Pai" (Mc 14,36).

Junto com isso há o fato de Jesus reivindicar como sendo dele mesmo a autoridade do seu Pai sobre o povo de Deus; sobre o Reino de seu Pai; sobre a salvação eterna de cada pessoa humana (Mc 8,34-38). Afirma que entre ele e seu Pai existe um relacionamento de conhecimento transcendente, inefável e carinhoso! Jesus vive na consciência de ser "O Filho" Misericordioso como o Pai o é, (Mt 5,45; Lc 6,36) a quem todo o Projeto do Pai foi entregue (Mt 11,27). O relacionamento de Israel com *Yahweh* no Antigo Testamento passou agora a ser relacionamento com ele mesmo; ele é o "autor da vida" (At 3,15) deste novo povo de Deus; ele é o seu Juiz, seu Noivo, seu Pastor, seu Salvador, seu Senhor. Enfim, tudo que *Yahweh* era para Israel é atribuído agora à pessoa de Jesus.

Então, qual era a palavra que poderá servir de Título para expressar a identidade desse homem? A Igreja primitiva, proclamava que Jesus de Nazaré, era "O Filho de Deus" (Mc 15,39). Sua exultação pelo direito de Deus; seu envio do Espírito Santo sobre a Igreja e sobre toda a carne (At 2,12.33-36), seu Senhorio sobre a história — tudo mostrou que ele possuía atributos divinos! Então, se ele era tão semelhante ao Pai, tinha de possuir a mesma vida do Pai. Era a vida de amor divina, que na Bíblia se chama de *Ágape*. Era a força desta vida de amor que os seus amigos estavam testemunhando nas palavras e nos atos de Jesus. Era esta a vida que sai de Jesus para nos curar, iluminar, acolher na mesma comunhão que ele vive com o Pai. Tudo isso os amigos de Jesus estão vendo, sem entender muita coisa então; mas, depois da Ressurreição, começarão a entender. Era esse o significado mais profundo do "Mistério do Reino de Deus" que Jesus estava inaugurando em Israel (Mc 4,10-11).

O Espírito Santo continuava a conduzir os cristãos a confessar com cada vez mais clareza que este homem, a quem foi confiada a Missão de revelar o Pai misericordioso a nós, era, na verdade, "O Senhor," "Emanuel," "O Filho Amado" (Mt 1,23; 28,19-20). Ou na linguagem do Quarto Evangelho: "O Filho Unigênito", "O Verbo Encarnado" (Jo 1,1-18).

Assim, Jesus estava revelando a Face de um Pai que nos salva e, ao mesmo tempo, a sua própria identidade de Filho desse Pai. Ele estava se mostrando mais forte para nos libertar do que o maligno era para nos manter no cativeiro. Jesus sabe que o mal vai procurar destruí-lo. Mas antes ele tem de evangelizar a cidade santa. Assim, anuncia aos seus amigos que vai ser preso e morto em Jerusalém. Depois, prossegue no seu caminho, rumo à Cruz, que se tornará sinal definitivo do amor de Deus oferecido a cada um de nós, na nossa qualidade de criatura inteligente, livre e responsável.

Para refletir:

1. Qual título de Jesus mencionado aqui é mais expressivo para você? Por quê?
2. No seu entender, como foi que os discípulos foram descobrindo a qualidade transcendente da pessoa de Jesus?
3. Para você, o que significa dizer que Jesus é o Filho de Deus?
4. Qual é a importância de nós sabermos essa identidade de Jesus?

Jesus chama Doze para serem seus representantes no novo povo de Deus

Uma vez que foi mencionado o "novo povo de Deus", que é a Igreja, parece justo colocar aqui alguma consideração sobre essa realidade.

O número doze evoca o povo de Deus do Antigo Testamento, acolhido ao redor de Moisés e da Torá. O novo povo de Deus será congregado ao redor de Jesus e da sua Palavra. A designação de "apóstolos", palavra grega que significa "enviados", acaba caracterizando os seguidores, e mais particularmente o grupo dos doze, como "representantes oficiais" de Jesus. Já vimos como Jesus está preparando seus amigos mais chegados para cumprir essa missão (Mc 4,10-11.34; 7,17-18; 9,30-31). Finalmente, todo o conjunto, povo, discípulos e apóstolos, será chamado de *Ekklesia*, palavra grega que indica a "assembleia" e que traduz o termo aramaico *Qahal,* que era usado no Antigo Testamento para indicar a reunião do povo, a "assembleia de Deus". Assim, chamar essa comunhão de "Igreja" significa afirmar que ela é uma obra de Deus voltada para a realização de um povo que existe para seguir Jesus na sua missão de inaugurar o Reino de Deus no mundo. Depois da sua Ressurreição, Jesus será constituído "Cabeça" dessa Igreja (Ef 4,15).

Do mesmo modo como no caso de todos aqueles que Jesus acolhe no seu movimento, o chamamento dos Doze Apóstolos não vem somente da necessidade de Jesus ter mais trabalhadores ao seu lado, mas também da própria necessidade humana dele, isto é, a de ser acompanhado por amigos! No grego, Marcos diz que Jesus chamou "aqueles que ele quis". Isto é, o convite veio da sua mais profunda afetividade — "das suas vísceras" — como se dizia na cultura judaica da época; ou, "do seu coração", como dizemos hoje. É neste tipo de relacionamento que Jesus poderá se comunicar com seus discípulos; comunicar-lhes como ele deseja agir, isto é, se tornando compreendido, do mesmo modo como, em geral, os amigos se entendem, partilhando entre si o melhor que tenham para oferecer, de um a outro.

Aqueles que são chamados a integrar os Doze já são discípulos de Jesus, que andam com ele. Cada dia testemunham o poder do Mestre para ensinar e curar (cf. Is 61,1-2; Lc 4,18-20; 6,19; Mt 11,1-5). Viram como ele nunca usava o poder em benefício de si mesmo e sim, sempre colocado ao serviço do bem maior das pessoas. Aos poucos os discípulos estavam chegando a perceber que Jesus os estava conduzindo à experiência de coisas que "muitos profetas e homens justos suspiravam por ver o que estais vendo, e não viram; e por ouvir o que estais ouvindo, e não ouviram!" (Mt 13,17). No Evangelho vemos também como Jesus estava ensinando aos discípulos a cada momento, por meio daquilo que acontecia espontaneamente, ou em momentos de maior intimidade com eles. De maneira especial fazia isso em relação aos pobres. Assim, na hora de se alimentar, Jesus se colocava junto das pessoas desprezadas pela sociedade, para mostrar que o caminho ao seu Pai passava pelo coração compassivo do Filho. Agora, na segunda parte do Evangelho, essa formação vai ser ainda mais exigente!

O Evangelho está nos ensinando que o nosso encontro de fé com o Senhor Jesus não pode ser somente intimista, eufórico ou dogmático; nem moralista ou ritualista, e tampouco conceituoso, isto é, cheio de ideias brilhantes mas desligado da realidade do povo; pois tem de ir além de tudo isso, se tornando uma profunda comunhão com Jesus diante do seu Pai, e com cada ser humano em busca da vida eterna.

Como Cristãos, a nossa inserção numa comunidade de fé nos ajuda a crescer no conhecimento de Jesus, pela oração, pela liturgia, pela solicitude de amigos e o envolvimento com os pobres e, acima de tudo, pela experiência carinhosa do próprio Jesus, que vamos encontrando principalmente em nossas celebrações eucarísticas. E Jesus é paciente e generoso. Ele comunica conosco num nível muito mais impactante do que qualquer inovação tecnológica ou análise política, pois inunda o nosso espírito com a experiência de estarmos diante da mesma presença misteriosa que os discípulos sentiam: era o olhar compassivo do Mestre (cf. Lc 20,21); era o abraço do nosso querido Pai (cf. Lc 15).

Para refletir:

1. Como é que esta reflexão consegue avançar seu entendimento da Igreja?
2. Estas reflexões estão lhe ajudando a crescer em uma maior sensibilidade à pessoa de Jesus? Explique dando exemplos.
3. Em Mc 10,32-34, o Evangelista nos mostra Jesus indo a Jerusalém, consciente do sofrimento que o espera lá. Procure entrar no coração de Jesus e, depois, dos discípulos. Diga o que descobriu.
4. Leia Mc 9,23-26. Depois, percorra Mc 9 e 10. Diga quais são as atitudes que são contrárias ao espírito de Jesus. Você vê essas atitudes na sua comunidade de fé? Na sua própria caminhada?

Jesus se coloca a caminho de Jerusalém e da realização de sua Páscoa

Na metade de cada Evangelho Sinótico, aproximadamente, Jesus compreende que seu trabalho na Galileia está terminado. Não conseguira tudo que desejava em termos de conversão e de fé. Mas a pequena semente fora semeada! O movimento de Jesus já existe no grupo que o segue e nas pessoas das multidões que sentem o impacto do seu ensinamento. Muitas famílias e vizinhanças guardam fortes memórias da sua pessoa e dos sinais que realizava. Mas ele sente que o grupo dos seus inimigos poderosos não vai esperar muito para prendê-lo. E resta-lhe a parte mais importante da sua missão: a pregação da Boa Notícia em Jerusalém e o desfecho do plano do Pai!

É um momento decisivo para Jesus. Implica deixar os campos e povoados da sua amada Galileia, onde está cercado por multidões simpáticas a ele, para se colocar dentro de um espaço rodeado por muralhas, ao alcance de um grupo de poderosos religiosos, políticos e latifundiários que odeiam-no. O Evangelho de Lucas nos faz perceber como essa decisão terá custado a Jesus. Lucas escreve: "Como se aproximasse o tempo em que Jesus devia ser tirado deste mundo, ele tomou *resolutamente* o caminho para Jerusalém" (Lc 9,51). As palavras implicam uma decisão irrevocável e indesejada tomada pela força da vontade, ou seja, pela força do seu amor pelo Pai, impelindo-o a fazer aquilo que, humanamente falando, ele não deseja fazer: colocar-se nas mãos dos seus inimigos.

Então, é como Filho obediente ao Pai que Jesus está determinado a prosseguir rumo a capital para anunciar a Boa Nova de Deus lá. Durante todo esse percurso, Jesus irá sentir uma profunda ansiedade ao pensar naquilo que os romanos faziam às pessoas que lhes desagradavam. Entretanto, apesar desse medo, Jesus continua a pensar nos seus discípulos. Por estarem associados a ele, seus discípulos irão sentir o ódio do mal voltado contra eles. No caminho a Jerusalém ele pretende se concentrar na formação desses homens, e não quer que o povo saiba da sua passagem (Mc 9,30-32); o que não era possível, pois o povo o procurava e Jesus não o deixava sem atendimento.

Os Evangelhos salientam o fato de Jesus estar consciente sobre as consequências de ir até a capital. Ele mesmo avisa aos amigos três vezes: "O Filho do Homem será entregue nas mãos dos homens e lhe tirarão a vida. Uma vez morto, ressuscitará, depois de três dias" (Mc 9,31). Marcos diz que os discípulos "não compreendiam esta palavra, mas tinham medo de fazer-lhe perguntas" (v. 32). A conversa entre os discípulos era outra; na verdade, o assunto que eles discutiam entre si estava bem longe do espírito serviçal de Jesus, pois, "no caminho tinham discutido sobre quem seria o maior"! (Mc 9,33-34).

A mesma incompreensão e medo se manifestarão cada vez que Jesus fala do assunto de sofrimento, que é central no plano do Pai. É como se os discípulos, por não falar disso, achassem que o fato iria desaparecer (Mc 8,32-33; 9,32; 10,33-34). Jesus entende essa atitude, confia que seu Pai irá dar aos discípulos a coragem, mas isso ocorrerá somente depois da vitória do Filho Amado. Por agora eles estão sendo chamados a seguir a Jesus sem ter muita clareza de que se trata.

A decisão de Jesus de ir até a capital não é fácil. Ele é uma pessoa jovem que ama a vida! Como qualquer judeu, ele tem terror da crucificação. Cada vez mais, ao longo do caminho para Jerusalém, ele se mostrará tomado de pavor diante do "Batismo que ele tem de receber", e do "cálice que ele tem de beber" (cf. Mc 10,38). Assim, enquanto ele cura as feridas do povo sofrido e confere formação aos Doze, ele mesmo está "ansioso", até que sua missão esteja consumada (cf. Lc 12,49-50). É o horror da Cruz, que não desaparece, na verdade aumenta com cada passo dado no caminho até Jerusalém! É a marca da grandeza de Jesus: que ele seja capaz de ter paciência com seus discípulos e compaixão com cada um que precisa da sua atenção em meio às multidões, ao mesmo tempo em que está plenamente consciente de que, ao anunciar o mesmo Evangelho que ele tinha proclamado na Galileia, com a revelação do mesmo Deus amor/misericórdia, os grandes da nação iriam trucidá-lo pelas mãos dos romanos. Contudo, ele estava consciente também de que o Pai faria dele o sinal vivo da vitória do Reino.

Esse é o Jesus que continua a nos oferecer a sua amizade na segunda metade dos Evangelhos. É o Jesus que vimos denunciando as injustiças que reduzem as pessoas a instrumentos de trabalho, frequentemente menos valorizadas de que os animais da roça (Lc 14,4-6). É ele que continua até hoje expondo a hipocrisia de qualquer sociedade que mostra a beleza como produto de consumo enquanto esconde sua face verdadeira, gananciosa e cruel.

O Papa Francisco nos alerta em relação ao papel do espírito maligno que se esconde perante nossa cultura científica, mas que atua para destruir nossa convivência harmoniosa. Esse mesmo espírito suscita atitudes egoístas, capazes de se encontrar em qualquer grupo humano, de qualquer classe social. Aliando-se com o pecado ainda sempre latente em nosso espírito, essas atitudes prejudicam o desenvolvimento de inúmeros jovens, desfazem famílias, dividem nações, tudo sob a influência do maligno, que nós achamos não existir![4].

É sobre tudo isso que Jesus está pensando quando ele chega a dizer que "é necessário" que ele morra. Pois sua atuação, descrita nos livros sagrados, está toda ela iluminada pela clareza do Reino do seu Pai. São as atitudes de Jesus que acabavam suscitando o ódio e a determinação por parte das lideranças em matá-lo. Tudo isso se constata

---

4   Cf. PAPA FRANCISCO, *Gaudete et Exsultate*, 161.

na narração do Evangelho. Assim, pode-se perceber que a Paixão está longe de ser entendida como o ato de um filho, feito um robô, que simplesmente cumpre as exigências do seu Pai despótico, ou ainda, como uma "fatalidade" social pela qual ninguém é responsável. Essas concepções acabam por desfigurar a imagem do Pai misericordioso de Jesus com seu plano de Salvação, além de desvalorizar a dignidade do ser humano, incluindo a do próprio Jesus. Na verdade, o Evangelho em sua totalidade nos conduz paulatinamente à descoberta do plano de Deus, que é o de nos salvar sem violentar o nosso caráter de seres inteligentes e livres. Então a necessidade de Jesus morrer tem a ver com algo inerente à nossa própria natureza: a saber, com a nossa liberdade, e com as maneiras em que o espírito do mal utiliza nossa inteligência para nos enganar e instrumentalizar, como é possível perceber nestas reflexões.

Para refletir:

1. Qual é a importância da amizade com Jesus de Nazaré para o papel que os Apóstolos irão cumprir, depois de Pentecostes?
2. Como é que você entende a distinção entre a razão histórica da morte de Jesus e a razão teológica dessa Morte?
3. Releia a reflexão nas páginas 49-52, que aborda esse tema. Combinando a reflexão teológica com a histórica, quais novas luzes surgem?

O grupo de fé em Jesus como sinal do Reino de Deus

Já vimos que as exigências de Jesus confrontadas com a sociedade judaica vieram a deflagrar um conflito entre ele e as autoridades. No fundo, era um conflito que tratava da prioridade que Deus teria nessa sociedade, como criador e como salvador. Ao mesmo tempo, suscitava a pergunta sobre quem é que teria maior autoridade para falar em nome desse Deus. No Evangelho, Jesus está reivindicando essa autoridade desde a sua primeira pregação feita ao povo, em Nazaré, e até seu depoimento perante o Sumo Sacerdote, no fim de sua vida (Mc 1,23.27; 11,27-33; 14,60-65). Nesse momento, ele expõe o erro fundamental dos doutores da Lei, que eram cegos ao Reino de Deus que se fazia presente na pessoa dele. No decorrer desse confronto, Jesus irá sofrer e morrer. Também os discípulos de Jesus serão envolvidos nesse conflito. Jesus não fazia segredo dos sacrifícios que esses amigos dele teriam de fazer, inclusive em relação aos próprios familiares (Mt 19,10-12; Lc 9,57-62; 12,51-53; 14,25-27).

Quanto ao número das pessoas chamadas, sabemos que a escolha de Doze Apóstolos é deliberada. Traz à memória do leitor o número das tribos que constituíam a confederação do povo da Aliança. Agora, com a Nova Aliança realizada por Jesus, a escolha de doze indica que Deus vai iniciar o novo povo de Deus e, neste povo, os Apóstolos partilharão da sua autoridade. A linda história do início desse grupo será contada por Lucas na segunda parte de seu escrito que hoje se conhece como *Atos dos Apóstolos*.

Quanto a outros números, Lucas afirma na metade da narração de seu Evangelho que o grupo de discípulos missionários alcançou a cifra de setenta e duas pessoas (Lc 10,1). Considerando a radicalidade da proposta do Reino e a dificuldade de muita gente ser alimentada pelo povo pobre do campo e daqueles povoados que Jesus habitualmente visitava, esse número parece ser um limite viável e, com toda probabilidade, era muito flexível. Notamos que várias cenas nos Evangelhos dão a impressão de ter só três ou quatro pessoas envolvidas; outras indicam a presença de milhares de pessoas (Mc 5,21-34.38-43; 6,30-32.44; 9,2; Lc 12,1). Em geral, ao imaginar o círculo de Jesus, parece ser aceitável somar aos Doze Apóstolos mais um número variado de discípulos (Mc 15,40-41; Lc 8,1-3). Além disso, deve-se considerar a presença de outros que vieram andar com ele por uns dias (cf. Mt 15,32), os habitantes de determinada área. Enfim, havia ocasiões em que um número de pessoas era alto o suficiente para criar um empurra-empurra na multidão que buscava um contato mais íntimo com Jesus. Mais tarde, todos essas pessoas poderão testemunhar aquilo que viram e ouviram do Jesus histórico, ou, dele já Ressuscitado. Assim, juntamente com Pedro e outras testemunhas oficiais formadas e instituídas diretamente por Jesus, todas essas pessoas (cerca de quinhentas: cf. 1Cor 15,3-7) se tornavam fontes do conhecimento que a Igreja primitiva ia adquirindo do seu Senhor.

Ao longo destas reflexões insistimos que a convivência com o Reino de Deus está baseada na prioridade que Deus dá ao bem integral de cada ser humano. Nas Bem-aventuranças, Jesus chama este novo povo a uma participação na ética do Reino que vai além da letra da Lei de Moisés (cf. Mt 5; Lc 6,20-38). Durante todo o Evangelho Jesus está chamando nossa atenção a exemplos desta vida sendo vivida no espírito do Evangelho que ele está pregando. Assim, ele louva a persistência de uma mulher pagã que pede a cura de sua filha (Mc 8,24-30); rejeita a atitude fechada dos Doze, que proibiam a um pregador de curar pessoas em nome dele, pois não era do grupo deles (Mc 9,38-40); promete uma recompensa no céu a quem dava até um copo de água fria a um discípulo dele; reconhece a sinceridade de arrependimento invadindo o coração de várias mulheres penitentes e de alguns publicanos convertidos; a disponibilidade de uma multidão que passou três dias escutando-o e se aprofundando no conhecimento do querido Pai. Diz a um jovem fariseu que se mostrou em sintonia com seu ensinamento:

"Tu não estás longe do Reino de Deus!" (Mc 12,28-34). E, no fim, afirma a um bandido crucificado com ele que "hoje estarás comigo no Paraíso!" (Lc 23,43).

Então, pelos gestos de partilha, de perdão, de restituição, de compaixão, Jesus nos ensinou a reconhecer sinais do seu ensino sendo vivido por seus seguidores em Israel, como também em outras culturas e povos (Mc 9,38-40). São sinais da força do Espírito que "foi derramado nos Apóstolos e sobre toda a carne" (cf. At 2,1-21), inspirando em muitas pessoas aquela retidão e pureza de coração que os Apóstolos tinham visto diariamente em Jesus, e que são constitutivas do Reino de Deus. Muitos desses povos serão depois a "terra boa" nas quais os missionários irão semear a Boa Nova de Jesus e da sua Igreja (cf. Mc 4,1-9). Então a Igreja e o Reino tendem a convergir para mostrar a dinâmica da vida eterna presente entre nós.

Em seu ensinamento Jesus apresentava a solidariedade entre as pessoas como sendo central em toda convivência humana. Para quem conhecia o Antigo Testamento, isso já era um dos principais temas dos Salmos e dos Profetas. É importante lembrar, porém, que o nosso ponto de partida nestas reflexões é Jesus, visto nos Evangelhos, revelando seu Pai a nós. Como seguidores dele hoje, o vemos insistindo na prioridade de cada pessoa aos olhos do Pai e repetimos este ensinamento, mesmo sabendo que alguns dos nossos ouvintes pouco simpatizam com esta exigência do Evangelho. E o pior é que nossas próprias comunidades correm o risco de se tornarem ilhas de autojustificação, sem laços de solidariedade com o povo faminto que vive ao seu redor.

Para refletir:

1. Como você refletiria sobre o Evangelho com uma comunidade que se diz ser da Igreja mas que recusa entrar no questionamento crítico da sociedade atual?
2. Qual é a atração para os jovens de espiritualidades que partem da Ressurreição de Jesus sem dar igual atenção aos fatores históricos e sociais que precederam a morte dele nas mãos dos homens?
3. Pense nos grupos indígenas do interior, procurando criar seus filhos com dignidade e vendo suas terras tradicionais sendo invadidas e envenenadas, ou nas famílias nas periferias urbanas, vivendo num quarto, em cima de palafitas, ameaçadas pelo desemprego, pelo contágio pela violência. Depois pergunte: "O que significa ser amigo de Jesus nesta realidade amazônica"?

Cada Evangelho conduz a um maior conhecimento do Filho que está diante do seu Pai

Nosso conhecimento de Jesus de Nazaré tem suas raízes nos quatro Evangelhos. Formados e guiados por estes, chegamos a conhecer Jesus em todo seu percurso, "desde o batismo de João até o dia em que ele foi tirado de nós" (At 1,21-22). Ou seja, somos confiantes de que os Apóstolos e seus outros amigos e amigas deixaram uma fiel expressão dele na memória e no coração dos primeiros fiéis. Era o Jesus que tinha andado com seus amigos na Galileia e na Judeia, e que tinham visto morto e sepultado. Mas era também o Senhor Ressuscitado, que os Apóstolos tinham visto no meio deles e que acreditavam ser "Cabeça da Igreja" (Ef 4,15).

Então, lendo a narrativa de cada Evangelho, somos convidados pelos sagrados autores a caminhar com o Jesus "histórico", deixando crescer em nós o mesmo conhecimento que os discípulos adquiriram durante o período de convivência com ele e que eles, por sua vez, transmitiram para os fiéis. Em cada Evangelho, observamos Jesus desde o início até o fim da sua missão de revelar seu Pai, e vemos como as pessoas reagiam a ele. Refletindo sobre tudo nisso, analisando, estudando, contemplando, chegamos a entender algo da verdade mais profunda que está sendo apresentada. Vemos a alegria dos pobres e dos pequenos que enxergam os sinais do Reino se tornando presente em Jesus; mas também, vemos a dificuldade de aceitar o sofrimento como parte do seguimento dele. Finalmente, vemos os complôs daqueles que irão matar Jesus, por razão da Autoridade com que ele apresenta um Deus diferente, cuja solicitude para os sofridos e os pecadores escapa dos esquemas em vigor naquela sociedade.

Lendo o Evangelho com essa percepção, vendo tudo isso acontecer etapa por etapa chegamos a perceber como cada Evangelista está escrevendo sua narrativa da trajetória de Jesus de Nazaré, de modo que vá desembocar na Cruz. Apreciamos o livro dos Evangelhos como uma obra literária na qual cada parte ilumina as outras; ou como uma narrativa que vai nos envolvendo no seu enredo, nos deixando sentir as motivações de Jesus, dos seus discípulos, dos inimigos poderosos, e nos deixando sentir cada vez mais como é bom, mas também, como é exigente, ser amigo de Jesus!

Então, quando chegarmos ao fim do Evangelho, entendemos melhor como este era um "relato com ordem e sequência" (Lc 1,3) dos fatores que levaram à morte de Jesus e à sua Ressurreição. O que equivale a afirmar que, por meio desses dados visíveis da vida de Jesus, narrados pelos amigos dele e contemplados pela comunidade de fé, o Amor com que fomos amados por Jesus de Nazaré se torna presente a nós hoje na nossa vida interior de silêncio e contemplação. Tal oração nos coloca com Jesus junto ao Pai na atitude de agradecimento e adoração (Mt 11,27). São moções do Espírito nos tornando mais sensíveis à amizade que nos vêm do coração do Filho e do seu Pai.

Para refletir:

Temos insistido que um dos resultados de fazer este tipo de reflexão a partir do Evangelho é a maior consciência que ganhamos sobre a razão de Jesus ter morrido como morreu. Então, neste ponto do Evangelho em que estamos, o leitor devia meditar de novo sobre todos os seguintes trechos para ver se eles confirmam ou não a nossa afirmação de que a razão de Jesus ter sido crucificado era a sua revelação de um Deus cuja prioridade era a vida plena de cada pessoa; isso, em meio a um mundo que tem outras prioridades: Mc 3,1-6; Mt 12,9-14; Lc 6,6-11; 13,10–17; 14,1-6; Jo 5,1-17.

1. Para você, qual é o centro de conflito em cada um desses trechos ainda hoje? Indique algumas expressões desde mesmo conflito aqui na Amazônia.
2. Todos nós temos trechos dos Evangelhos aos quais retornamos sempre. Mas qual é a importância de ler e refletir sobre o Evangelho sequencialmente, do início até o fim?
3. Há espiritualidades hoje que escolhem como seu ponto de partida a Ressurreição e a Exaltação de Jesus, sem fazer

muito caso da sua caminhada histórica e todo seu trajeto, que vai terminar na sua Morte e Ressurreição. Qual seria a sua avaliação sobre isso?

4. É um fato notável na Amazônia que recursos naturais necessários para a vida humana — água, energia, acesso à terra — ficam cada vez mais nas mãos de grandes especuladores. Façam uma pesquisa sobre este fenômeno e partilhem as observações entre si.

5. Procure saber sobre as formas de organização das próprias lideranças indígenas em defesa dos seus direitos na Amazônia. Então, diga como você avalia isso em termos de Evangelho.

A urgência de Jesus em formar seus discípulos

Lendo entre as linhas dos Evangelhos, percebemos que Jesus tinha um conhecimento intuitivo de certas pessoas que chamavam a atenção dele: uma mãe Cananeia muito inteligente; uma mulher hemorroíssa muito tímida; publicanos desprezados por todos. Também, Jesus tinha um relacionamento de amizade com muitas pessoas que não eram chamadas a ser seus discípulos, isto é, que não andavam com ele de lugar em lugar, mas que se simpatizavam com sua pessoa e seu movimento. Eram a sogra de Pedro; o ex-possesso de Genesaré; o publicano Zaqueu; os amigos, Lázaro e suas irmãs Marta e Maria; o fariseu Nicodemos; o dono do salão que Jesus usava em Jerusalém, e Dimas, o bom ladrão, o centurião que viu como ele morreu.

Jesus nunca forçava ninguém a entrar, nem a perseverar no seu grupo de discípulos. Avisava a todos da inconveniência de ser discípulo seu e não violentava a liberdade daqueles que haviam desistido do seguimento dele (Lc 9,57-62; 14,28-33; Mc 10,21; 14,18). Mas para os que tinham olhos para enxergar a doação de si que Jesus fazia diariamente — estando a serviço dos sofridos ele colocava em perigo sua própria vida —, suscitava neles uma resposta de compromisso para com ele e fazia com que o relacionamento de amizade entre Jesus e seus discípulos se aprofundasse e crescesse.

Não é que houvesse um clima filantrópico ou de autoglorificação no seu movimento; o sofrimento do povo e o ódio dos inimigos eram demasiadamente reais para isso! Mas como homens que conheciam as injustiças praticadas pelos latifundiários judaicos e pelos romanos; e como seres humanos que apreciavam a empatia que Jesus tinha com o povo, estes amigos foram se identificando com sua pessoa, seu trabalho e sua motivação.

Todos nós sabemos que uma amizade tão profunda como Jesus buscava ter com seus discípulos exigia tempo suficiente para passar pelas crises que a vida apresenta e adquirir o conhecimento mútuo e a doação de si, que são essenciais para esse relacionamento. No decorrer ordinário das coisas, isso é um processo muito demorado. Mas da maneira em que os sagrados autores apresentam a trajetória de Jesus, era justamente isso que lhe faltava: o *tempo*! Enviado por seu Pai a todo Israel, reivindicando a autoridade de exigir a reorganização da sua sociedade ao redor dele mesmo e não mais de Moisés; procurado continuamente por centenas de pessoas que vinham para "ouvi-lo e ser curadas de suas doenças" por ele (Lc 6,18); sabendo-se observado todo o tempo pelos Sumo Sacerdotes e doutores em Jerusalém e alvo de um complô de religiosos e políticos que querem matá-lo (cf. Mc 3,6; Mt 22,15-16; Lc 20,47-48), Jesus sente a urgência da sua missão. Pesa muito a falta de tempo para formar seus discípulos, que estão se mostrando cada vez menos capazes de penetrar no Mistério do Reino: isto é, da sua identidade de Filho de Deus e da sua morte, que diz ser "necessária".

São Marcos, provavelmente o primeiro a escrever um Evangelho, percebia muito bem a pressa de Jesus em cumprir sua missão. No seu Evangelho, usando linguagem que implica em violência, Jesus afirma já no início que ele vai ser "tirado" do meio dos seus amigos (Mc 2,20). Pouco depois, o Evangelista nos mostra seus inimigos já planejando sua morte (Mc 3,6). Depois de sentir a incredulidade e a rejeição dos seus conterrâneos em Nazaré, Jesus envia os Doze com autoridade sobre os espíritos imundos, aumentando o número de pessoas atingidas pela mensagem do Reino. O resultado era que todos, incluindo o Rei Herodes, se perguntavam: "Quem é este homem?" (Mc 6,6-16).

Ainda no Evangelho de Marcos, seguem acirrados debates com os fariseus sobre a verdadeira observância aos mandamentos, com Jesus acusando os líderes de serem hipócritas por terem "invalidado a palavra de Deus pela tradição que transmitem" (cf. Mc 7,13). Finalmente, Jesus entende que os líderes religiosos e políticos decidiram pela sua morte. A sua urgência é gritante: ele informa seus discípulos três vezes que vai ser morto na capital (Mc 8,31; 9,31; 10,33-34). Logo depois, o vemos seguido por seus amigos, que estão apavorados diante de sua determinação de entrar na Cidade Santa, e do fato deles o estarem seguindo nisso (Mc 10,52)! E todo o tempo Jesus continua confiando em seu Pai e preparando seus amigos para assumirem o papel de pescadores de homens no novo povo de Deus que irá nascer da sua vitória sobre a Morte.

Então podemos entender o ritmo acelerado da vida de Jesus. No Evangelho ele está sempre "a caminho"... Tem pressa de visitar todos os povoados e cidades da Galileia e da Judeia. Para ele, todo judeu tem de se sentir convidado a conhecer interiormente o "querido Pai" que está sendo revelado na pessoa de seu "Filho Amado". Israel tem de manifestar sua vocação de ser luz das nações. Para isso, o povo judaico está sendo chamado a remodelar sua convivência social para que seja testemunha digna de Jesus glorificado, que continua a congregá-lo ao redor de si.

Era esta a Missão de Jesus. E o tempo era curto mesmo! Nos três Evangelhos Sinóticos, como já acenado, usando o número de celebrações da Páscoa nas quais Jesus participa como adulto, alguns estudiosos calculam que a carreira de Jesus com o povo durou cerca de um ano! O egoísmo e a injustiça no mundo não permitiram que Jesus ficasse exercendo seu ministério em meio à nossa humanidade representada por aquela sociedade mais do que isso!

Para refletir:

1. No seu ambiente eclesial, se sente uma urgência de servir ao Reino de Deus? Explique sua resposta.
2. Para você, quais são os sinais de alguém estar crescendo na amizade com Jesus?
3. Leia Marcos, capítulos 8, 9 e 10, e pesquise quantas vezes o autor menciona nesses capítulos o fato de que Jesus está "a caminho". Qual a conclusão que você tira disso?
4. Em relação à Igreja, as qualidades de "solidariedade, "sinodalidade" e "comunhão" são muito usadas hoje. Procure uma boa definição de cada um desses termos e diga: como eles se encontram na sua comunidade cristã?

Até o final da sua vida, os discípulos tinham uma visão confusa sobre Jesus

Ninguém de nós viu Jesus com os olhos materiais. Ele vem a nós por meio do testemunho dado pelos Apóstolos e discípulos que andavam com ele. Foram estes homens e mulheres que viveram o dia a dia com o Mestre, andando pelos campos e aldeias com ele, ouvindo suas palavras, vendo-o "fazer o bem" aos sofridos com os quais ele ia se deparando. Quando chegava o entardecer, tendo o povo do lugar já voltado para suas casas, então era a alegria desses amigos e amigas de Jesus que podiam "ficar com ele". Cansados mas contentes, cheios de admiração, sentindo o mistério insondável da pessoa desse homem. Cada um tinha a experiência de participar da amizade à qual Jesus os tinha convidado (Mc 3,13-14; Lc 9,57-59) e de sentir a união que essa associação com Jesus criava no grupo. Assim, na boca da noite, era Jesus, exausto mas relaxado, quem partilhava o pão com os Apóstolos e discípulos, explicando melhor uma parábola que tinha falado, se lembrando com tristeza da hostilidade dos doutores da lei, comentando sobre algo que tinha acontecido numa das aldeias, tirando as dúvidas de um ou de outro discípulo, rindo com eles ao recordar de uma pessoa engraçada. E todo o tempo seus amigos estavam sentindo a imensa Paz de estar com esse homem, que os chamou para serem "pescadores dos homens" (Mc 4,10.33-34; 6,30-32; 7,17-18; 9,30; Lc 8,9-10).

Finalmente, vinha o sono aos discípulos; e a Jesus, a alegria de estar no abraço do seu querido Pai. Era essa a experiência que ele viera partilhar conosco, desde o início do Evangelho (Lc 2,49; Mt 6,9).

No dia seguinte, bem antes da madrugada, enquanto os discípulos ainda dormiam, Jesus se levantava silenciosamente para passar um tempo em oração, sempre na alegria de estar com o Pai, falando com ele sobre o sofrimento do povo, sobre a dificuldade do povo alcançar uma fé mais adequada a respeito da sua identidade; pedindo a força do Espírito para o trabalho do novo dia (Mc 1,35; Lc 6,12; 11,1).

Os discípulos de Jesus eram gente simples, pés no chão, resignados a serem tratados como judeus inferiores por sua ignorância da Lei e das tradições dos líderes e dos doutores; mas gente de carácter, trabalhadores da terra ou da pesca, praticantes da religiosidade popular; fiéis às suas tradições (At 10,2-14). Eram daqueles judeus que o Pai de Jesus reconhecia como seu povo autêntico. Alguns tinham sido discípulos de João Batista (Jo 1,35-42). Uma vez chamados por Jesus, vendo as cenas de confusão se repetirem onde passava, se colocavam a agir como guarda-costas do Mestre, para evitar que o povo o comprimisse e esmagasse (Lc 8,45-46). Ou então, espalhados entre a multidão, serviam de intermediários entre ele e o povo (Mc 8,27-28). Todos eram contagiados com a euforia do povo que imaginava o futuro poder político que Jesus iria exercer, correspondendo assim às esperanças messiânicas do povo israelita (Mc 11,9-11; At 1,6).

Os Evangelhos nos mostram que esses discípulos de Jesus não eram santos de prateleira. Perdiam a paciência com a insistência do povo (Mt 15,21-23) e eram grosseiros com Jesus (Mc 4,38; 6,32-37)! Ficaram assustados ao ouvir Jesus afirmar que a um homem não era permitido divorciar de sua mulher (Mt 19,10); ou que um rico dificilmente entraria no Reino de Deus (Mc 10,23-27). Queriam que ele assumisse uma atitude mais violenta contra os adversários. Os irmãos Tiago e João, que Jesus chamava de "Filhos do Trovão", sugeriram que mandasse um relâmpago para consumir uma cidade de samaritanos que lhes recusava passagem, para irem a Jerusalém (Lc 9,54)! Mais adiante, no fim da caminhada a Jerusalém, foram esses mesmos dois discípulos que pediram a Jesus as posições de maior poder no seu governo, uma vez que ele fosse proclamado Rei (Mc 10,35-40)! Outros da linha revolucionária já começaram a usar as espadas que carregavam para resistir na hora de Jesus ser preso (Lc 22,47-51). E talvez, para piorar ainda mais a situação, cada um queria ser dono do poder de Jesus; e brigavam entre si por causa disso (Mc 9,33-40; 10,35-37.41-45) — até mesmo em plena Ceia do Senhor (Lc 22,24-27)!

Durante sua convivência com eles, Jesus se deu a conhecer a cada um desses escolhidos, mesmo frágeis e crus como eram; e isso na qualidade de amigo e ajudante no trabalho do Reino de Deus! Chamava todos pelo nome e instruía e acompanhava a todos. Mas, como era de esperar, havia maior comunicação com alguns, em particular, com Pedro, Tiago e João (Mc 5,37; 9,2). Nestes, Jesus "impôs" nomes de guerra (Mc 3,17; Lc 6,14); e a todos os Doze deu o título de "Apóstolos" (Lc 6,13).

Nos Evangelhos vemos como Jesus tinha paciência com seus amigos. E era preciso tê-la! Tentava levá-los a uma compreensão da sua identidade, não somente como Messias, mas de que era também o Filho e que tinha de sofrer e ser morto para que surgisse o novo povo de Deus. Para sua surpresa, Jesus ia descobrindo a incapacidade de eles aceitarem "os pensamentos de Deus" e, dentro destes, estava incluída a experiência da Cruz. Ele procurava introduzi-los, mas eles nada entendiam, ou não queriam entender! E quando Pedro o aconselhava a não falar mais desse assunto, Jesus o chamou de "Satanás," pois tal sugestão estava sempre presente, na tentativa de o Diabo desviar o Filho da sua obediência ao seu Pai (Mc 8,33; Hb 5,7-10)!

Contraposta à noção do poder que os discípulos tinham, Jesus vivia como se fosse o menor de todos; continuava a estar presente no meio deles como aquele que servia à mesa (Lc 22,27). E a cada dia, a amizade entre eles e o Mestre ia se aprofundando, não obstante a ambiguidade do seu entendimento; ou, talvez, seria melhor dizer, *através* desse entendimento. Pois a pouca compreensão conceitual deles era acompanhada por um aprofundamento do sentido de Mistério que a pessoa de Jesus suscitava, e a confiança que ele inspirava, de ser ele mesmo a resposta de Deus às esperanças de Israel (cf. Mt 11,2-6).

Apesar de todas as faltas deles, Jesus via nesses homens o desejo de serem leais a ele até o fim (cf. Lc 22,33). Era um amor por sua pessoa que consolava o Mestre e lhe dava mais força para permanecer fiel à sua Missão.

Para refletir:

1. Na Amazônia na Época da Borracha, como se usava do poder para dominar e tiranizar (Mc 10,42)?
2. Se já habitou em áreas rurais, quais exemplos desse abuso do poder você já viu?
3. Em geral, os Ministros da Palavra que você tem ouvido sabem explicar a dimensão sócio-política do Evangelho?
4. O que acontece quando um Ministro só fala desta dimensão, ao custo da conversão interior e pessoal?
5. A tentação de fazer da nossa fé cristã uma experiência religiosa sem a cruz persiste até hoje. Já encontrou isso no seu trabalho pastoral?

Jesus entra na cidade de Davi e assume toda a autoridade sobre o Templo e o ensinamento

Tendo chegado a Jerusalém, carregado por um jumentinho e acompanhado por um número de entusiastas messiânicos, Jesus entra no Templo e fica "examinando tudo". Com essas duas palavras Marcos nos leva para dentro do coração de Jesus. É o Filho olhando o movimento na Casa do seu Pai, que deve ser a sede do ensinamento profético e dos sacrifícios oferecidos em fidelidade ao espírito da Aliança do povo com Deus, mas que tem se tornado espaço de um ritualismo desligado da realidade social e ética da nação. Havia muita politicagem e corrupção, indivíduos procurando sair bem na situação. Os Sumo Sacerdotes procuravam manter sua hegemonia na área do Sagrado, como também o faziam os diferentes partidos de doutores em relação à Lei. Mas faltava a voz da profecia e a coragem de defender os direitos do povo. Marcos nota o caso do jovem estudante da Lei que sabia ir além do primeiro mandamento para reconhecer que o amor do próximo era mais importante de que todos os sacrifícios realizados no Templo. Como já vimos, este jovem ganhou de Jesus uma linda observação: "Não estás longe do Reino de Deus!" (cf. Mc 12,28-34). A maioria dos líderes religiosos só sabia sobrecarregar o povo com um fardo pesado de prescrições e preceitos desligados da realidade que o povo vivia. Jesus fica triste ao ver esse quadro, tão semelhante a uma figueira que não oferece fruta aos passantes e que perdeu sua razão de ser.

Consciente do perigo dele passar a noite na cidade, Jesus sai com os Doze para Betânia, onde há aí pessoas amigas que o hospedam.

No outro dia ele volta cedo e realiza o gesto profético de purificar o Templo e de interromper o ritmo do seu funcionamento, ainda que por um breve período. Assim, depois dessa purificação simbólica, o edifício poderá servir de palco para seu ensinamento, como o Filho enviado com autoridade para evangelizar essa cidade (cf. Mc 11,11). E a todo o tempo ele está sob o olhar de homens que estão determinados a matá-lo. Só não o fazem por medo do povo, que fica "extasiado" com o seu ensinamento feito com autoridade, como igualmente ficara antes, no início do seu trabalho na sinagoga de Nazaré (Mc 11,18; 12,28-34).

Para refletir:

1. Jesus nos ensinou a nos colocarmos diante da nossa realidade para descobrir o que o Pai deseja de nós. No qua-

dro atual de grandes ameaças à vida que vimos no início deste trabalho, como é que você procura exercer um olhar crítico em relação à sociedade, à política e aos diferentes grupos religiosos e leigos?
2. Se você participa de um movimento de Igreja, como é que este se mostra engajado a luta do Reino em prol de uma sociedade mais compassiva?
3. Quais qualidades de Jesus te surpreendem nesta reflexão?
4. Qual importância tem estas reflexões na sua vocação?
5. Reflita sobre Marcos (12,1-12). Depois diga como você entende esse texto.

Jesus celebra a Ceia Pascal com seus Doze Apóstolos e continua a celebrá-la conosco

Estamos em Jerusalém nos dias finais da vida de Jesus. O clima na cidade é muito tenso. Jesus sabe que não foi preso ainda somente porque os líderes têm medo da reação do povo (Mt 26,55). Porém, os dias da Pascoa se aproximam. Neles, a população da cidade aumentará, provavelmente de 30 mil a cidade passará a contar com 130 mil pessoas. Muitas destas pessoas estarão indo à capital com a esperança de ver Jesus. Com ele livre na cidade, as autoridades preveem manifestações populares do tipo daquela que acontecera quando ele entrou em Jerusalém, sendo aclamado como Messias Rei.

A traição de Judas abre caminho para a ação decisiva dos líderes. Jesus percebe as intenções de Judas e prepara-se para ir ao encontro daquilo que esses homens irão fazer para destruí-lo e silenciar todos os que, segundo eles, estão sendo enganados por seu ensinamento. Mas antes, Jesus irá celebrar a Ceia Pascal com seus amigos mais chegados, que são os Doze.

Para os Judeus, a Ceia Pascal era o reconhecimento anual da bondade de *Yahweh* que libertou o povo da escravidão no Egito e, no Monte de Sinai, fez dele seu povo predileto. Agora Jesus vai se apropriar dessa importância religiosa-cultural da Ceia Pascal, mas vai dar-lhe um novo significado.

Jesus está muito comovido. Ele mesmo diz aos Doze que tem "desejado ardentemente comer esta Páscoa convosco antes de sofrer..." (Lc 22,15). Ele pretende instituir um novo significado à Celebração Pascal na qual ele relembra de tudo que Deus fez, e ainda tem a fazer, em prol da fundação de um novo povo de Deus, que será a Igreja.

Essa intenção de Jesus faz surgir uma pergunta: "Ao celebrar a Eucaristia, qual aspecto da vida de Jesus devemos mais contemplar para viver na comunhão com ele e seu Pai?". As possibilidades, pois, são grandes.

Como acabamos de ver, tudo que a Igreja guardou em seu coração sobre Jesus e tudo que se tornou palavra escrita nos quatro Evangelhos serve para que nós conheçamos melhor a Jesus Cristo, com aquele conhecimento de amigos que se alegram numa amizade madura e que acolhem carinhosamente novos detalhes da vida do amigo. A Eucaristia é o ponto alto da proclamação desse amor, pois, em cada Missa, através das leituras, das orações e dos gestos, fazemos memória de todas as iniciativas de Jesus e do seu Pai, em cada momento do convívio do Filho no meio de nós, concluindo com a oferta dele, da sua vida na Cruz, e a resposta do Pai, que o ressuscitou.

E nós estamos dizendo ao Pai que "por Cristo, com Cristo e em Cristo", queremos estar unidos a Jesus, comprometendo-nos com o crescimento do Reino neste mundo. Assim, a Igreja quer que cada batizado conheça e contemple continuamente os acontecimentos da Morte e Ressurreição de Jesus e que tenhamos uma vida espiritual centralizada na Eucaristia.

O anúncio destes acontecimentos (chamado em Grego de *kerygma*) é o centro da Boa Nova cristã. Nas palavras do Papa, Francisco:

> O *kerygma* é a grande síntese de todo o conteúdo do Evangelho! É o anuncio de um Deus que ama infinitamente cada ser humano, que manifestou plenamente este Amor em Cristo Crucificado por nós e ressuscitado na nossa vida. Este anúncio é capaz de levar a um encontro pessoal com o Senhor e àquela Caridade fraterna que mais nos identifica com os discípulos [...][5]

Que linda dica o Papa nos oferece! A profunda reflexão sobre a Morte e Ressurreição do Senhor é capaz de nos levar ao "encontro pessoal" com o Senhor e ao "amor fraterno" dos irmãos. É a Igreja oferecendo a participação naquilo que tem de mais consolador no seu relacionamento com Deus. Isto é: a sua amizade, sempre viva e ativa, com seu Senhor e Cristo.

---

5 PAPA FRANCISCO, *Querida Amazônia*, 2020, 64-65.

Para refletir:

1. O que você entende pela frase "encontro pessoal com Cristo"?
2. Você experimenta este encontro na sua vida espiritual?
3. As liturgias nas quais você participa favorecem este encontro? Como?
4. Qual seria a ligação entre a visão crítica da sociedade e o encontro pessoal com Jesus na Eucaristia?

A instituição da Eucaristia em Marcos 14,22-25

Estamos na Ceia Pascal com Jesus e seus Doze Apóstolos. O pão que Jesus vai identificar como sendo seu corpo está diante dele. Na cultura de Jesus, a palavra "corpo" significa a pessoa em sua totalidade, presente no meio de nós na sua dimensão material, concreta, histórica. Corpo "dado" ou "entregue por vós" é linguagem de sacrifício no Templo, que Jesus, por sua vez, está usando para interpretar sua morte.

Acabamos de ver como, em cada Eucaristia retomamos a "Memória" de Jesus. Celebramos as diferentes facetas do amor de Jesus por nós e por seu Pai. É Jesus na Galileia e em Jerusalém, inaugurando o Reino do seu Pai. É ele no processo de ser rejeitado por ter revelado o amor do seu Pai por cada ser humano; é ele na imanência de realizar sua doação total de si mesmo ao Pai na sua Paixão, e unindo-nos a ele nesta obediência filial. É ele pegando o pão e partindo um pedaço para cada Apóstolo, dizendo: "Tomai! Comei!". Ou seja: "Comam deste pão que sou eu; identifiquem-se comigo na luta do Reino! Na força deste alimento, deem testemunho a mim no mundo aí fora. E confiem que estaremos reunidos eternamente, no Banquete do Reino" (cf. Lc 22,18; 28-29).

A Ceia com os Doze prossegue. Jesus continua a interpretar sua Morte em termos do Antigo Testamento, particularmente de Êxodo (Ex 24,8). Toma um cálice com vinho tinto e o oferece a cada Apóstolo. Todos aceitam o cálice e com isso, "tomam" Jesus para "beber" à ele. Então, ele diz: "Isto é o meu Sangue, o Sangue da Aliança que é derramado em favor de muitos". Isto é, de todos!

Há aqui três indicações da morte de Jesus: (1) Sangue "derramado" significa a morte de uma vítima sacrificada no Templo. (2) O pão e o vinho separados um do outro falam de imolação, ou seja, do corpo da vítima esvaziado de todo seu sangue. (3) O fato que o vinho será "derramado" em breve aponta à morte iminente de Jesus.

Então, através do exemplo de Moisés, que aspergiu o sangue de animais sobre o povo e sobre o altar para selar a Aliança entre Deus e o povo judeu, Jesus está se apresentando com todo seu amor por seu Pai, por cada um dos seus amigos e por cada ser humano. E por ter vivido com este amor maior num mundo que não o aceita, ele entrou na dinâmica de um conflito mortal que está levando-o à sua morte, em Jerusalém. E por todas as gerações a seguir e até a sua volta, Jesus Ressuscitado estará convidando seus amigos a "comer e beber" deste Pão e deste Vinho, para serem uma comunhão de amigos e amigas seus, fortificados para a luta do Reino de Deus.

Para refletir:

1. Como é que esta reflexão amplia o seu entendimento da Missa?
2. Qual é a ligação entre seu entendimento da Missa e sua amizade com Jesus?
3. Como você combina a prática Eucarística com a espiritualidade do Reino, que incentiva os pobres a agir contra os injustos?

Jesus, ícone da misericórdia do Pai, cura a nossa cegueira

Como cristãos, vivemos na presença de Jesus, o Crucificado-Ressuscitado, e na convicção de termos encontrado nele a misericórdia do Deus vivo. Na celebração da Eucaristia, estamos presentes diante dele no seu gesto de doação final, agora realizado sacramentalmente, com o mesmo amor do Filho para o Pai que Jesus tinha na Cruz, e conosco, tornados participantes desse amor filial! E, como membros da comunidade de fé cristã, cremos que o Pai veio responder a esta doação do Filho, ressuscitando-o da Morte como primícias de uma nova humanidade, da qual participamos! Uma humanidade marcada pela solidariedade, que era uma nota tão caraterística de Jesus!

No fim do seu Evangelho, Lucas apresenta Jesus Ressuscitado, mas ainda não reconhecido, explicando a dois discípulos de Emaús a "necessidade" de ele ter sofrido (Lc 24,25-27; 45-46). Esses versículos são a maneira do Evangelista afirmar que a razão de Jesus ter sido odiado e rejeitado foi sua obediência ao Deus que ele conhecia como Pai. Era sua recusa de se tornar um Messias conforme os pensamentos dos homens, sem a participação na luta do Reino e sem o sofrimento da Cruz (Mt 4,3-11; Lc 4,1-13). Era Jesus sempre dando o exemplo, trabalhando com autoridade e liberdade (Mc 1,22.27), revelando a face do seu Pai, ensinando sobre a nova convivência de irmãos e irmãs no Reino de Deus, exigindo a conversão pessoal e social de seus discípulos, dos judeus e das nações (Mc 1,14-15); era ele, libertando as pessoas das doenças e dos maus espíritos, sendo mal compreendido por aqueles que desejavam se tornar poderosos (Mc 10,35-45) e por aqueles que detinham o poder e que consideravam Jesus uma ameaça ao seu estilo de vida, que desejavam passar também para os seus filhos (Mc 11,15-19). Tanto um como outro precisavam da conversão que Jesus estava pedindo deles, em todo o Evangelho. Agora, neste trecho de São Lucas, Jesus, o Crucificado/Ressuscitado, está explicando qual foi a razão de sua morte ter sido "necessária". Daquilo que já vimos em nossas reflexões até agora, podemos afirmar que será uma resposta tanto histórica como teológica.

Notamos aqui que, contrário àquilo que algumas espiritualidades indicam, Jesus não foi um homem que se colocava acima de qualquer envolvimento nas tensões e nos conflitos da sociedade na qual vivia. Não pulou de uma vivência pacata com Maria em Nazaré para a condição de

Glorioso Senhor da História, sem nada de importante ter acontecido no intervalo.

Ao contrário, os Evangelhos mostram como ele entrou no conflito contínuo que se trava no mundo entre o Reino da justiça e o domínio do Maligno, ao qual vimos Jesus se referir, em Marcos 3,27. Naquela parábola de um versículo só, Jesus tinha interpretado sua atuação libertadora, como sendo a do "mais forte" que tinha amarrado o diabo e estava tirando as pessoas do seu domínio, isto é, da doença, da ganância, do consumismo, do desprezo pelo pequenino, da exploração e manipulação dos mais fracos, da soberba de quem se acha um deus. Para Jesus, todas essas atitudes e práticas saem do coração do homem, enquanto ele estiver no cativeiro do Maligno (Mc 7,21-23). São elas mesmas que constituem este cativeiro!

Com esta visão da realidade na qual vivia, Jesus foi inspirado a falar e agir de maneira contrária às expectativas dos grupos privilegiados. Fez inimizades e se tornou objeto de complô. Mas não desistiu de seu projeto! Repetia o convite à conversão e à fé entre os pequenos e os grandes. E quando veio a reação do mal contra ele, Jesus não usou seu poder com o povo para salvar-se a si mesmo da violência à qual estava sendo submetido. Viu, em vez disso, que "era necessário" se tornar vulnerável a esse mal para poder dar a nós o sinal mais forte do amor dele e do seu Pai. Assim, no momento do maior suplício nas mãos dos homens, enquanto estava sendo pregado à Cruz, Jesus "fez o bem aos seus inimigos" (cf. Mt 5,45; Lc 6,35-36), pedindo ao Pai que "lhes perdoasse, porque não sabem o que fazem"

(Lc 23,34). Nisto, se tornou a expressão perfeita e total do seu Pai e da sua própria filiação divina; se tornou presença definitiva da misericórdia do seu Pai para com os homens. Assim, diante dele, somos levados pelo Espírito a exclamar com toda a força da nossa liberdade: "Sim, Jesus! Quero ser inundado por este amor, para viver e morrer na vossa amizade, no serviço do teu Reino"!

Para refletir:

1. Quais tensões poderei prever em consequência do seguimento de Jesus, da maneira em que este seguimento está sendo proposto nestas reflexões?
2. Como é que eu procuro manter-me em comunhão com pessoas que veem estas considerações como inerentes e centrais em todos os Evangelhos e que gastam suas energias para a defesa da Amazônia?
3. Qual experiência tenho de pessoas católicas que omitem estas considerações na sua pastoral?

As limitações humanas em relação à amizade são vencidas na Ressurreição do Senhor

Estamos afirmando nestas reflexões que o Reino de Deus que Jesus estava inaugurando em Israel tinha em seu centro a oferta de uma amizade entre ele e cada um de nós. Mas sabemos que, durante sua vida, a possibilidade de Jesus conhecer as pessoas e ter uma profunda amizade com elas era limitada; isto é: era humana. Como no caso de qualquer relacionamento humano, as pessoas tinham de estar em comunicação contínua, física e sensivelmente, para poderem crescer no conhecimento, uma da outra, a cada dia. Era justamente o que estava acontecendo com os Apóstolos durante a sua caminhada com Jesus.

Isso mudou com a Ressurreição!

Como cristãos, é nossa convicção de que Cristo Ressuscitado, na Glória de Deus seu Pai, conhece intimamente a cada cristão; mais ainda, a cada ser humano! Não só conhece, mas chama cada um a se converter e a participar do Reino do seu Pai. Ele é a "Cabeça da Igreja" que intercede por nós diante do Pai. Sua Vida, Morte e Ressureição são o paradigma conforme o qual estamos sendo talhados pela ação do Espírito, que nos vai formando na imagem do Filho (2Cor 3,17-18).

Como Cabeça da sua Igreja, Jesus glorificado está consciente daquilo que está acontecendo no coração e na vida das pessoas. Sabemos, como fiéis que a Igreja ensina a orar, que podemos entrar em diálogo com ele e seu Pai a qualquer momento, seja a sós no nosso quarto com a porta fechada (Mt 6,5-6), seja nas celebrações litúrgicas; ou, então, na normalidade do nosso trabalho. Obviamente isso não significa que andamos conversando com Jesus à viva voz o dia inteiro ou pensando no banquete celestial do Reino quando devemos estar engajados com a nossa atuação profissional, acadêmica ou doméstica. Mas é a beleza da nossa amizade com o Senhor Jesus é que ela possa se tornar consciente a cada momento; é só querermos e estarmos "com Jesus" e ele conosco!

O crescimento na amizade com Jesus Glorificado, dentro da comunhão eclesial que está a serviço do Reino de Deus, é a primeira vocação de cada cristão. Quando procuramos viver isso, experimentamos uma alegria que soa nas profundezas do nosso ser, mas, ao mesmo tempo, no campo de batalha que é nosso próprio coração, o fiel sente a atração de outras ofertas. Sente como é difícil perseverar na pureza de coração no meio de tantas tentações que nos

As limitações humanas

vêm de dentro (Mc 9,42-49) e de fora (Mc 4,9-13). Na longa caminhada pode haver tédio, afeto desordenado, ilusões, caídas! O processo de reencontrar-se espiritualmente pode durar meses de sofrimento, tanto no plano afetivo como espiritual. É o processo de aprender a acolher o afeto que Jesus e seu Pai mostram ter por nós, não porque somos bons, e sim porque eles o são.

É justamente neste processo de luta, de tropeço, de dúvidas que a fidelidade de Jesus vai criando em nós aquela confiança que é caraterística das melhores amizades. E isso, especialmente no Sacramento da Misericórdia e na Eucaristia. No caso, seria o próprio Jesus cumprindo o papel de amigo que nos escuta, que nos mostra iniciativas bonitas no meio do povo e que nos urge a continuar na caminhada, apesar de tudo em nós estar sentindo que o mal é mais forte (Lc 24,17-21).

É este sentimento que a prática da oração irá desmentir, pois ela ressoa na profundeza de nosso espírito, na sua abertura a Deus. Faz sentir que nosso interior não é tão vazio como achamos, pois hospeda o amor maior do Filho e do Pai; os dois nos esperam e querem ser acolhidos por nós como nossos queridos hóspedes (Mc 9,37; Mt 10,40; Jo 14,23). E isso acontece em todo o Corpo de Cristo e tem suas repercussões no âmbito mundial, isto é, no Reino de Deus! Então, naquele instante em que enxergamos a figura do Pai e sentimos surgir em nós a saudade esperançosa do seu abraço, para pedir-lhe perdão e a graça de trabalhar como servo na sua casa, então naquele instante, Deus nos acolhe e nos cobre de beijos, e manda fazer festa! Então surge em nós a Palavra "Pai, meu querido Pai!". E Jesus, nosso Irmão maior, nos abraça e nos conduz, vibrantes, para o Banquete celestial do Reino de Deus (Lc 15,4; 20-24)!

Para refletir:

Jesus Ressuscitado conhece a mim em todas as dimensões e situações da minha vida, todos os dias, todas as horas; ele conhece quais sejam as influências e os condicionamentos da minha ação num determinada situação. Peço sempre sua libertação do espírito maligno para poder assumir o convite do Reino que está sempre ativo em mim e na comunidade cristã da qual participo.

1. Levando em conta as reflexões que fizemos, posso afirmar que eu tenho a experiência de ser um amigo de Jesus de Nazaré, como Filho de Deus?
2. Tenho esta experiência como algo que está sob meu controle, ou como um dom que me vem do próprio Jesus?
3. Em outro momento, procure fazer esta mesma oração silenciosa enquanto está olhando a vasta beleza da Região Amazônica, recordando que toda ela é obra de Deus Pai, através do seu Filho, que é "Deus conosco" (Mt 1,23; 28,20). Após esse momento, pergunte-se: quais sentimentos surgem em mim?
4. Em outro momento ainda, reflita sobre como é sua experiência de amizade com Jesus, tendo como pano de fundo o sofrimento do povo originário que vive na Amazônia.

Epílogo: vivendo na amizade de Jesus num mundo que anseia por sua paz

Quantas pessoas no mundo aí fora — gente de diferentes religiões, culturas e situações — tem sede de um "encontro pessoal com Deus," ou seja, do abraço dele no interior do seu espírito! Seria a sede interior de um jovem que nunca foi evangelizado adequadamente, ou de uma mulher cansada, por ser mãe e pai das suas crianças; ou de um trabalhador endividado que vê seus filhos se encaminhando para a mesma situação dele. E quais são as maneiras em que o Pai misericordioso de Jesus sabe receber o coração contrito e atribulado destas pessoas, uma vez que só ele tem acesso à consciência de cada um, e deseja a paz para todos? Neste sentido, o Reino de Deus está presente em milhões de pessoas que têm pouca religiosidade, mas que desejam viver vidas retas na construção de um mundo melhor, em obediência ao Criador! Para quantos destes, um crucifixo, um sermão caloroso de um Pastor, uma idosa devota deitada numa rede, serve de convite de um relacionamento de fé com Jesus; para nele, encontrar a paz!

Como cristãos nós temos alguns critérios para a paz. Em sua essência, a paz pode ser sempre encontrada no exemplo que Jesus nos deu de uma vida de obediência ao Pai no serviço aos necessitados (Lc 2,14). Para aqueles que têm os recursos para viver com dignidade, a paz significa usar a cidadania na atuação política dirigida à criação de estruturas socioeconômicas que serão eficazes para a partilha justa do fruto do trabalho de todos; e, mais de imediato, no apoio às iniciativas dos governantes e líderes religiosos e civis para o alívio da fome do povo que vive nas ruas e praças das nossas cidades. Incluímos nisso a união com a comunidade científica no resgate da nossa espécie da destruição!

Vimos já no início destas reflexões como há momentos na história, como o atual, em que a suave voz do Espírito se transforma num "grito de alarme" chamando a atenção de todos nós a fatos que estão bloqueando o avanço da vida humana e ameaçando o seu futuro (cf. Rm 8,14-27). Também a força do mal se revela nos rostos angustiados dos pobres migrantes, dos povos indígenas, ribeirinhos e agricultores — enfim, nos nossos irmãos para os quais o mundo não tem espaço, como não o tinha para a criança no seio de Maria (Lc 2,7). Foi o próprio Jesus que invadiu este espaço e, dentro dele, organizou outro modelo de convivência, convocada em nome dele, que seria a sua revelação do desejo do seu Pai; e que foi rejeitado pelo egoísmo humano. Mas o

Epílogo: vivendo na amizade de Jesus

mal tem de dar lugar à força do Reino que se faz sentir no trabalho em prol da vida.

Em muitos lugares e em uma variedade de maneiras, os pobres e excluídos da nossa sociedade estão aprendendo a criar seu espaço através das manifestações, de educação popular, de economias alternativas e diferentes formas de participação em movimentos sociais. Como Igreja, ou seja, como um povo congregado pela Palavra de Cristo, nós nos juntamos a tudo que for coerente com a mensagem do Evangelho, num mundo sempre em busca da paz. E unidos aos irmãos de boa vontade, temos confiança no poder da Palavra de Jesus, de gerar uma boa colheita para o Reino e Deus, de trinta, sessenta e cem por um!

Alguns elementos bibliográficos

Sendo este um trabalho pastoral, destacamos o pastoreio do Papa Francisco como inspiração principal. Em particular, suas Exortações Apostólicas:

Evangelii Gaudium: A Alegria do Evangelho. São Paulo, Loyola, 2014.

Gaudete et Exsultate: Sobre o Chamado à Santidade no Mundo Atual. São Paulo, Loyola, 2018 (particularmente os números 158-165).

Querida Amazônia: Ao Povo de Deus e a Todas as Pessoas de Boa Vontade. São Paulo, Loyola, 2020.

Consultar: *Exercícios Espirituais* de Santo Inácio de Loyola. São Paulo, Loyola, 2015.

Quanto a outros trabalhos, considero primeiramente o livro de Lofink, G., *Jesus de Nazaré. O que ele queria? Quem ele era*. Petrópolis, Vozes, 2015.

Também registro como fonte de inspiração o artigo de Hans Kessler: "Reflexões sistemáticas sobre a Morte e Ressurreição de Jesus", in: Schneider, T., *Manual de Dogmática*. Petrópolis, Vozes, 2002, 363-374.

Finalmente reconheço como contribuição à minha reflexão os autores usados na composição dos comentários que fiz sobre Marcos, Mateus e Lucas. No fim de cada um desses comentários há uma bibliografia mais detalhada; aqui me limito a citar alguns destes autores:

Para Marcos:

Ninham, D. E. *St. Mark. Pelican Gospel Comentaries*. Middlesex, England, Pelican Books, 1963.

Para Mateus:

Meier, John P. *Matthew*. Washington, Delaware, Michael Glazier, Inc., 1980.

Para Lucas:

Fitzmyer, Joseph A. *The Gospel According to Luke, (1-IX)*, Garden City, New York, Doubleday, 1974.

_____. *The Gospel According to Luke, (X-XXIV)*, Garden City, New York, Doubleday, 1986.

Livros publicados

1. SEFRIN, L. A. et al. *A Esperança da Juventude é a Esperança da Igreja?* São Paulo, Loyola, 1976.
2. *Crescer é uma Aventura: O Jovem no Mundo de Hoje,* São Paulo, Loyola, 1979.
3. *Jesus Cristo é o Mais Forte: Reflexões sobre o Início do Evangelho de São Marcos,* São Paulo, Loyola, 1984.
4. *Perfeito no seu Amor: O Itinerário de Jesus diante do Pai no Evangelho de Mateus,* Aparecida, Santuário, 2002.
5. *Jesus Nazareu: O Transbordar da Vida que é Amor,* São Paulo, Loyola, 2004.
6. *O Caminho do Filho de Deus: Leitura Contínua do Evangelho de São Marcos,* Aparecida, Santuário, 1995. Republicado. São Paulo, Paulinas, 2005.

7. *Jesus Nazareu, A Experiência de Deus no Evangelho de São João*, São Paulo, Loyola, 2007.

8. *Jesus e a Comunidade do Reino no Evangelho de São Lucas*, São Paulo, Loyola, 2013.

9. *Conhecendo Melhor Jesus de Nazaré: Curso de Cristologia*, São Paulo, Loyola, 2018.

10. *Na Amizade de Jesus a Partir da Amazônia*, Loyola, São Paulo, 2022.

Nota: O leitor deste texto que deseja uma abordagem mais exegética poderá conferir os livros do autor sobre cada um dos Evangelhos (cf. site das Edições Loyola).

Edições Loyola

editoração impressão acabamento

Rua 1822 n° 341 – Ipiranga
04216-000 São Paulo, SP
T 55 11 3385 8500/8501, 2063 4275
www.loyola.com.br